Petra Angelika Peick

Der Weg zum Inneren Wissen

Anleitung und Übungen

zur Selbstverwirklichung

Überarbeitete Neuauflage 2015

Herausgeber: Lothar-Rüdiger Lütge

Petra Angelika Peick

Der Weg zum Inneren Wissen

Anleitung und Übungen

zur Selbstverwirklichung

Herstellung und Verlag
BoD™ – Books on Demand GmbH, Norderstedt

ISBN: 978 3 739 22989 8

Bibliographische Information der Deutschen Bibliothek:

Die deutsche Bibliothek verzeichnet diese Publikation in der Deutschen Nationalbibliographie; detaillierte bibliographische Daten sind im Internet abrufbar über: http://dnb.ddb.de

Dieses Buch widme ich mit Dankbarkeit Lothar und meinen Schülern, von denen ich mehr lerne, als sie wissen.

Inhalt

Begegnung mit dem Leser

Dieses Buch ist dir in die Hände gekommen als Geschenk von einem guten Freund, durch bewusste eigene Wahl oder durch den Zufall, diesen unsichtbaren Lenker deines Schicksals.

Wenn du es in deinen Händen hältst, aufmerksam und etwas neugierig darin blätterst, wirst du berührt. Ehe du weißt, was es dir erzählen wird, ändert sich deine Stimmung. Wenn du einfach nur dein Bewusstsein darauf richtest, ohne zu lesen, spürst du, ob es für dich wertvoll sein wird. Wenn du dir jetzt etwas Zeit nimmst, um in dich hineinzuspüren, wirst du feststellen, ob dich das Buch ärgert und nervös macht, ob es Beklommenheit auslöst oder Freude, ob dein Interesse wächst oder ein Gefühl der Langeweile in dir aufsteigt.

Auf diese Weise hast du mich gespürt, die ich in diesem Buch verborgen bin. Für dich bin ich so etwas wie ein Geist, denn du siehst mich nicht. Du liest die Sätze, die in meinem Kopf gekreist sind, lange bevor du ahntest, dass ich sie für dich erdenke. Ja, ich denke für dich! Während ich es tue, sitzt du vielleicht im Kino oder bist in einen Familienstreit verwickelt.

Weil es lange Zeit braucht, bis meine Gedanken dich erreichen, habe ich es schwer mit dem Denken und Schreiben; denn ich muss heute schon wissen, was du morgen erfahren willst. Und jetzt, wenn du von mir erfährst, ist meine Vergangenheit deine Gegenwart. Wir sind verbunden durch dieses Buch und getrennt durch einen langen Zeit-Raum. Wir begegnen einander und sind dennoch allein.

Damit unsere Bekanntschaft zu einer wirklichen Erfahrung für dich wird, lege ich meine ganze geistige Kraft und mein tiefes Interesse an dir in meine Worte hinein. Ich möchte dich wirklich erreichen. Ich will dir im Zentrum deines Wesens begegnen – das heißt: Ich will das Wesentliche in dir treffen.

Keine Angst, ich reise ohne Waffen! Mein Bewusstsein ist es, das ohne Beschränkung von Zeit und Raum mit deinem Bewusstsein zusammentrifft. Vorausgesetzt, du öffnest mir das Tor zu deinem Inneren.

Das Buch ist unser stiller Assistent. Wenn du es aufschlägst, weiß ich, dass du mir erlaubst, zu dir zu sprechen. Ich werde dir die Bedeutung der sichtbaren und der unsichtbaren Wirklichkeit zeigen und werde dir erzählen, wie du dein äußeres und inneres Leben bewusster und sinnvoller leben kannst. Wenn du dich für die Übungen öffnest, lernst du, deine Stärken und Schwächen zu erkennen, Fehler zu überwinden und ganz der Mensch zu werden, der du im Inneren wirklich bist.

Ich meine es wirklich ernst mit dir und mache dir den Vorschlag, einen Weg zu gehen. Es ist ein Weg, der zum Inneren Wissen führt. Ich bin ihn selbst viele Jahre lang gegangen. Es ist ein beschwerlicher und langer Weg – aber er steckt voller Wunder. Er ist schmal, und man kann sich leicht auf ihm verirren. Du solltest ihn vorsichtig und achtsam gehen, denn schon mancher ist gestolpert. Doch niemand ist je umgekehrt. Dieser Weg führt nur nach vorn, obwohl es dir manchmal so erscheinen wird, als ob du rückwärtsgehst.

In meiner Begleitung wird dein Leben spannend und inhaltsvoll. Jeder Tag wird ein Erlebnis sein. Du wirst dir selbst zum Erlebnis und erfährst, dass alles, was du tust, bedeutungsvoll ist. Deshalb ist es wichtig, jeden Schritt vorsichtig und geduldig zu setzen. Du wirst niemals wissen, was dich als Nächstes erwartet – aber alles, was dir unterwegs begegnet, BIST DU!

Ich werde eine Begleiterin sein, die dich liebevoll betreut und manchmal hart herausfordert. Ich werde dich warnen, wenn du dich in Gefahr begibst, und dich necken, wenn du trödelst. Du wirst mich nicht sehen, denn ich werde in diesem Buch verborgen bleiben. Wenn du dich den Erfahrungen ganz geöffnet hast, die dir das Buch anbietet, werde ich dir näher sein als jeder andere Mensch; du wirst fühlen, dass mein Bewusstsein deine Schritte aufmerksam begleitet und dich dorthin führt, wo du Antworten auf deine inneren Fragen findest.

Bevor wir uns zusammen auf den Weg begeben, um das Innere Wissen zu finden, solltest du ehrlich prüfen, ob du diesen Weg gehen willst.

Willst du dich wirklich kennenlernen und herausfinden, was dich im Innersten bewegt?

Wagst du es, dich zu verwandeln und wahrhaftig du selbst zu werden?

Bist du bereit, auch schwierige Wegstrecken auf dich zu nehmen, Schmerz und Unsicherheit zu ertragen?

Hast du den Mut, voranzugehen, auch wenn die Welt um dich herum dich tadelt?

Wenn du zögerst oder zweifelst, lege das Buch am besten zur Seite und warte einige Tage. Lies dann die ersten Abschnitte noch einmal und prüfe dich wieder. Wenn du noch unsicher bist, wiederhole die Prüfung nach weiteren drei Wochen. Erst wenn du ein freudiges Gefühl in deinem Herzen spürst, sage JA!

Ein wenig Arbeit hat jeder, der sich auf den Weg macht. Aber dein Herz weiß mit zweifelloser Sicherheit, was gut für dich ist. Deshalb kannst du der Entscheidung deines Herzens vertrauensvoll folgen, bis du Wort für Wort und Satz für Satz erfahren hast, was ich dir in meinem Buch vorschlage.

Ich empfehle dir, sorgfältig und langsam zu lesen. Lass dir ruhig viel Zeit, ehe du von einem zum anderen Abschnitt, von einem zum anderen Kapitel weitergehst. Ich habe 12 Kapitel für dich geschrieben – eines für jeden Monat. Das ist die Zeit, die du mindestens benötigst, um so nahe an dein Inneres

Wissen zu gelangen, dass du aus der Quelle deiner eigenen Weisheit schöpfen kannst.

Darum wird es gehen: In deinem Inneren verbirgt sich ein Geheimnis, das sich dir enthüllen wird, wenn du den Weg zum Inneren Wissen gehst. Ich behaupte – und du kannst es erfahren –, dass du alles, wirklich alles in dir trägst, was für dich wissenswert ist. Du weißt alles über dich selbst und die Bedingungen deines Lebens. Du weißt, warum dir bestimmte Dinge immer wieder geschehen, warum du in bestimmten Bereichen deines Lebens erfolgreich oder erfolglos bist. Du kennst deine Vergangenheit und weißt, wie sich deine Zukunft gestalten wird – aber dieses Wissen ist dir nicht bewusst, und zurzeit hast du keine Ahnung, wie du den Zugang zu deinem Inneren Wissen finden kannst.

Deshalb bist du mir begegnet. Um die Wahrheit zu sagen: Es war nicht der gute Freund oder der Zufall, der dir dieses Buch in die Hände gespielt hat. Du selbst – dein Inneres Selbst – hat dich zu dem Buch geführt, weil es von dir entdeckt werden will. Ich bin die Verbündete deines Inneren Wesens, deiner Seele. Du kannst es nennen, wie du magst: göttliches Selbst, wahres Wesen, höheres Ich oder sonst wie. Sicher ist: Ich arbeite mit deinem Selbst zusammen, dem weisen Teil in dir, der dein Schicksal lenkt, und es macht mich sehr glücklich, dass du dich dazu entschlossen hast, unserem Bündnis beizutreten. Nun kann ich beginnen, dich mit deinem Inneren Wissen vertraut zu machen.

Es kommt nur noch auf dich an: Es wird dir gelingen, wenn du mit jedem einzelnen Schritt einverstanden bist und die Übungen genau so ausführst, wie ich sie dir vorschlage. Ich brauche dein aktives JA, damit meine Anregungen in dir wirksam werden können. Und damit du das Buch nicht umsonst liest, verpflichtet dich dein JA dazu, mit den Anregungen zu leben, sie auszuprobieren und selbständig weiterzuentwickeln. Ich gebe dir Impulse. Sie sind aber nur dann von Nutzen für dich, wenn du sie bereitwillig aufgreifst und ausprobierst. Dann wirst

14

du bald das Wesentliche in dir entdecken und aus deinem Inneren Wissen schöpfen.

Die Monate, die ich am Schreibtisch zubringe, um dieses Buch zu schreiben, sollen Früchte tragen. Deshalb ist mir deine Mitarbeit sehr wichtig. Und ich bitte dich, das Buch weiterzuschenken, wenn du daraus gelernt hast. Viele warten darauf, den Weg zum Inneren Wissen zu finden und sich selbst zu verwirklichen, und auch für sie habe ich es geschrieben.

1. Wegweiser

Verabschiede dich von deiner alten Weltsicht

Wir sind nun an der Wegkreuzung angekommen, an der dein alter Weg endet und dein Weg nach Innen beginnen wird. Erinnere dich bitte daran, dass ich dir empfohlen habe, jeden Schritt langsam und vorsichtig zu setzen. Der Weg zum Inneren Wissen wird dich von vielem trennen, das dir bisher vertraut war. Alte Denkweisen und Gewohnheiten hängen an dir und erschweren dir das Fortschreiten. Deine Entwicklung stagniert, wenn du dich an überlebte Lebensformen klammerst.

Öffne dich jetzt für die Möglichkeit eines neuen Lebens!

Öffne dein Herz und deine Hände und lass alles los, woran du bisher Halt gesucht hast!

Einen Weg gehen bedeutet, etwas hinter sich zu lassen und auf etwas Unbekanntes zuzugehen. Das, was du hinter dir lässt, ist dir vertraut und gibt dir Sicherheit. Auch wenn dein vertrautes Leben langweilig geworden ist oder sogar quälend, wird es dir schwerfallen, dich davon zu lösen. Du hast gelernt, dich darauf einzustellen und das Beste daraus zu machen. Was vor dir auf dem neuen Weg liegt, mag verlockend erscheinen – aber du weißt nicht sicher, ob es dir besser gefallen wird als dein altes Leben. Deshalb bist du unsicher und zögerst, dich auf meine Aufforderungen einzulassen.

Du weißt natürlich auch nicht, ob du mir trauen kannst. Ich biete dir an, dir einen Weg zu zeigen, auf dem du dein Inneres Wissen finden wirst. Aber was ist das eigentlich? Ich habe dir nichts Genaues versprochen, außer dich zu begleiten und dir bei deinen Schritten zu helfen. Du weißt nicht, was du dabei gewinnen kannst. Und jetzt fordere ich dich schon auf, etwas loszulassen, was du bisher gewonnen hast. Ohne Versprechen, ohne Garantie für eine bessere Zukunft.

Betrachten wir erst einmal deine gegenwärtige Situation in einem symbolischen Bild.

1. Übung

A. Erkenne deine Gegenwart

Du stehst in der Dunkelheit an einer Wegkreuzung – müde von deiner langen Wanderung. Du bist von deiner Geburt bis hierher durch viele Lebenssituationen gegangen, hast Menschen gewonnen und wieder verloren. Dinge sind durch deine Hände gegangen, manche hast du hergeben müssen. Du hast Erfahrungen gesammelt und trägst sie als Eigentum in einem Rucksack. Eigenschaften und Einstellungen zu dir und zur Welt hast du entwickelt, und sie hängen an dir wie ein altes Kleid. Die Finsternis hat ihre Schatten über die träumenden Menschen gelegt. Auch du fühlst dich nicht ganz wach und gibst dir Mühe, die Augen offen zu halten.

Ich empfehle dir, die Vorstellung dieser Situation bei geschlossenen Augen zu imaginieren. Liege oder sitze dabei entspannt. Lass dir Zeit, das Bild in dir entstehen zu lassen, und empfinde dich deutlich in der beschriebenen Situation. Versuche, den Rucksack zu fühlen und die Bekleidung zu sehen. Achte besonders auf das Gefühl der Müdigkeit und stelle fest, welcher Körperteil sich besonders anfühlt.

Wenn du dich auf das „Bildern" einlässt, unternimmst du einen bewussten Schritt in eine VISIONÄRE WELT (auch genannt: Innerer Raum, Innenwelt). In dieser Welt kannst du sehen – aber es ist eine andere Art zu sehen als mit den äußeren Augen. Du kannst ebenfalls fühlen, hören, riechen und schmecken – aber es ist das Fühlen, Hören, Riechen und Schmecken mit den inneren Sinnen. Daher sind deine Eindrücke anfangs weniger plastisch als die Wahrnehmungen in der äußeren materiellen Welt.

Jeder Mensch – auch Tiere – haben eine Visionäre Welt in sich. Deshalb gibt es so viele Visionäre Welten, wie es Wesen gibt. Jedes Wesen hat seinen eigenen Inneren Raum, aber die visionären Welten berühren und überschneiden sich, so dass Menschengruppen gemeinsame visionäre Welten haben, den kollektiven Inneren Raum.

Dein Weg zum Inneren Wissen führt dich zunächst in deinen Persönlichen Inneren Raum. Ich werde dir im Verlauf dieses Buches Anregungen geben, wie du dich in deiner Visionären Welt zurechtfindest, um dem Wissen auf die Spur zu kommen, das sich während deiner Wanderung durch Zeit und Raum in dir angesammelt hat. Später – wenn du gelernt hast, dich sicher darin zu bewegen, kannst du mit deinem Bewusstsein auch durch die Inneren Räume anderer Individuen und der ganzen Menschheit reisen.

Bisher bist du deinen Weg wie im Traum gegangen. In deiner Nähe gibt es viele Wege, auf denen andere Menschen traumwandeln. Jeder, der sein Inneres Wissen vergessen hat, ist ein Träumer. Sein Ich-Bewusstsein ist auf die äußere, materielle Welt eingestellt. Er meint, wach zu sein, aber sein wahres Selbst träumt. Auch dein Inneres Wesen ruht in der Dunkelheit deines Inneren, und es wird uns Mut und Ausdauer kosten, es zu erwecken.

Betrachten wir, was diese Tatsache für deinen Alltag am Ende des 20. Jahrhunderts bedeutet:

Als typisches Kind deiner Zeit genießt du den Komfort der modernen Welt. Gleichgültig, ob du Mann oder Frau bist, kannst du deine Wege weitgehend selbst bestimmen und mit etwas Glück ein Leben nach deinem Geschmack führen. Die Technik hat dich und alle Menschen der westlichen Welt von der direkten Hilfe anderer unabhängig gemacht. Der relative materielle Wohlstand, der durch den Einsatz moderner Maschinen erreicht worden ist, ermöglicht der Masse der Menschen in Westeuropa und Nordamerika, sich überreichlich zu ernähren und ihrem ungehemmten Konsumbedürfnis nachzugehen. Auch wenn du nicht zu den überdurchschnittlichen Verdienern gehörst, so vermute ich doch, dass du weder Hunger noch Durst kennst, noch unter Kälte oder sonstigen existentiellen Entbehrungen leiden musst.

Im Gegenteil: Vielleicht besitzt du sogar eine komplett ausgestattete Wohnung mit Stereo-Anlage und Fernsehapparat und kannst über das Internet jederzeit am Geschehen der Welt teilnehmen. Verwandte und Freunde erreichst du bequem per Email oder Telefon, so dass du einsame Stunden nicht fürchten musst. Darüber hinaus bieten dir Bücher und Zeitschriften Unterhaltung und Zerstreuung. So leidest du auch nicht an Informationsmangel. Falls du Schmerzen hast, sind irgendwo in der Nachbarschaft ein Arzt und eine Apotheke bereit, dir Hilfe zuteilwerden zu lassen. Wenn du in Not gerätst, bist du nicht abhängig von Almosen, sondern wirst von sozialen Institutionen versorgt.

Die Welt steht dir offen. Du kannst mit beliebigen Transportmitteln über Land, Wasser oder durch die Luft in alle Länder reisen, sofern du das notwendige Geld dafür aufbringst, und hier wie dort kannst du deinen Bildungshunger an den Original-Schauplätzen der Weltgeschichte stillen. Aber auch deine Stadt bietet dir Bibliotheken und Kurse, in denen du Sprachen lernen und kreative Fähigkeiten entfalten kannst. Sie lädt dich ein, Vorträge und Konzerte zu hören, Museen und Galerien warten auf dich, Feste und Märkte füllen deine Stunden mit lärmendem Frohsinn. Versicherungen aller Art schützen dich vor den Unwägbarkeiten des unberechenbaren Lebens. Du brauchst dir keine Sorgen um die Zukunft zu machen, denn am Lebensabend winkt die wohlverdiente Rente.

Vor allem aber steht dir eine unübersehbare Masse von wunderbaren Dingen zur Steigerung deiner Lebensqualität in den verlockenden Auslagen der Geschäfte zur Verfügung: elegante Garderobe, glänzende Schuhe, Luxus-Accessoires, schimmernde Gläser und Porzellane, bezaubernde Puppen und

Kuscheltiere, verführerisch dekorierte Schlemmereien, exquisite Weine, Geschenkartikel aus aller Welt, die dir zurufen: Ich bin wunderbar – du brauchst mich – kaufe! Kaufe! Kaufe!

Alles ruft nach dir und lockt dich in die Welt, die dich umgibt. Die Welt präsentiert sich dir in ihrem wunderbarsten Glanz. Sie verspricht dir Genuss, Sinnenrausch, Stärke, Überlegenheit, Macht. Viele träumen davon, die Welt zu besitzen. Auch du? Wäre es nicht großartig, so viel Geld zu haben, um alles, alles kaufen zu können, das sich dir anbietet?

Die Träume vieler Menschen kreisen um finanzielle Macht und Prestige, um gesellschaftlichen Erfolg und Ansehen, um uneingeschränkte Bedürfnisbefriedigung durch individuelle Freiheit, Genuss, Sex und persönlichen Triumph. Der illusionäre Rausch der Werbung tobt auf Straßenplakaten und in den Medien, er flimmert und dröhnt aus Fernseh- und Musikgeräten und inszeniert weitere Träume. Er verspricht den totalen Lebensgenuss, denn schließlich leben wir nur einmal – oder? Diese Träume breiten sich in den Köpfen und Herzen der Menschen aus und schwören sie auf die Welt des totalen Konsums ein. Ist auch dein Kopf voll davon? Und dein Herz?

Oder träumst du davon, alles zu wissen? Sehnst du dich danach, ein großer Wissenschaftler von internationaler Bedeutung zu sein? Oder wärst du lieber ein berühmter Showstar, ein Topmodel oder ein Sportheld, der viele Millionen verdient? Möchtest du die Macht eines Konzernbosses schmecken? Oder liegt es dir mehr, als bedeutender Politiker Weltgeschichte zu machen?

Oder bist du einer von den Zeitgenossen, die aus Konsumzwängen ausgestiegen sind und andere Träume träumen? Sorgst du dich um die Verarmung der Dritten Welt, um Drogenprobleme und Umweltkatastrophen? Vielleicht träumst du von einer besseren, ökologischen und humanen Welt, in der die Menschen deine Ideale verwirklichen, die Ideale von Menschlichkeit und gegenseitiger Achtung, von Ehrlichkeit,

Wahrheit, von Respekt vor dem Leben in jeder Kreatur, von Liebe und Frieden unter den Menschen?

Die Welt verspricht dir, dass alles erreichbar ist, wenn du nur bereit bist, dich dafür anzustrengen. Auch du kannst es schaffen! Wenn du bereit bist, den Preis dafür zu zahlen: deine ganze Kraft in den Dienst der Sache zu stellen.

Wir stehen heute zusammen an einer Wegkreuzung, und ich fordere dich auf, zu entscheiden, ob der Weg in die äußere Welt wirklich dein Weg ist. Der Weg, den ich dir weisen kann, führt dich nicht zu weltlichen Ehren oder Besitz. Es kann sogar sein, dass du auf dem Weg zum Inneren Wissen manches verlieren wirst, was du bisher gewonnen hast. Ich kann dir nicht zeigen, wie du die Welt veränderst, sie eroberst oder dich ihrer Schätze bedienst. Auch werde ich dir nicht dabei helfen, dir mit Ellenbogenkraft einen Spitzenjob zu verschaffen. Sondern ich werde dir eine Welt öffnen, die in deinem Inneren verborgen ist. Auch sie besitzt Schätze und Kostbarkeiten, aber mit denen kannst du nicht handeln – noch wirst du vor anderen damit prahlen können. Vielleicht verachten sie dich sogar, weil deine Schätze vor den Augen von Neugierigen und Effekthaschern unsichtbar bleiben. Wer die äußere Welt gewinnen will, verliert die Schätze des Inneren. Wer aber nach den inneren Werten sucht, für den verliert die sichtbare Welt ihren Glanz und ihre Wichtigkeit. Doch nur derjenige, der sowohl die materielle Welt als auch die Innere Welt und ihre Gesetze kennt, kann sein Schicksal und das Schicksal der Menschheit bewusst mitgestalten.

Tatsächlich ist die sichtbare Realität keineswegs das, wofür man sie allgemein hält. In ihren Träumen entfalten die Menschen ungeheure Kräfte und gestalten sich eine Erscheinungswelt, auf die sie ihre gesamte Aufmerksamkeit ausrichten. Die intensive Konzentration auf ihre Wünsche und Vorstellungen zwingt die Gedankenenergie dazu, aus Träumen Wirklichkeit zu machen. Es entstehen daraus all die Dinge der persönlichen und gesellschaftlichen Realität, die dich umgibt.

Das, was du Gegenwart nennst, ist das Endprodukt eines Traumes, den irgendwann irgendwo jemand geträumt hat. Jede einzelne Situation deines Tages ist das Ergebnis vorhergegangener Denk- und Gefühlsprozesse in dir und anderen. Die menschliche Situation, die sich am Ende dieses Jahrhunderts vor deinen Augen abspielt, ist das Resultat diffuser kollektiver Wünsche und Vorstellungen. Begierden und falsche Ideale haben die Wirklichkeit geschaffen, in der sich auch dein Schicksal vollzieht. Du stehst wahrhaftig in einem Geschehen, das den kollektiven Traum von Generationen verwirklicht: die Welt zu besitzen.

Die Menschen, die an Wissenschaft und Technik glauben, meinen, nur Materie sei wirklich. Sie denken, dass ausschließlich das durch Instrumente und Messverfahren Beweisbare tatsächlich existiert. Deshalb fixieren sie ihre gesamte Aufmerksamkeit auf die sichtbare Wirklichkeit und ignorieren den metaphysischen Bewusstseinsraum, der alles Sichtbare durchdringt.

Wenn du auf dem Weg zum Inneren Wissen fortschreiten willst, solltest du zuerst begreifen, dass die sogenannte Realität ein Produkt der sinnlichen Wahrnehmung und des Denkens ist. Die gesamte äußere Welt ist nicht mehr als ein materialisiertes Abbild innerer Gefühls- und Gedankenaktivität. Sie ist der manifestierte Traum des Inneren Menschen.
Wenn du schläfst, versenkt sich dein Ich-Bewusstsein in deinen Inneren Raum. Es nimmt alle Erlebnisse des Tages, deine Gedanken, Wünsche und Gefühle mit dorthin. Sie sinken in das Tiefenbewusstsein deines Inneren Wesens hinab, werden dort gesammelt und mit schöpferischer Energie aufgeladen. Dein Selbst gestaltet daraus die Vision deiner Zukunft und sorgt dafür, dass sie sich eines Tages verwirklicht.

In der äußeren Welt geschieht nichts, ohne dass es zuvor von den inneren Bewusstseinskräften in der Visionären Welt gestaltet worden ist. Das Dilemma besteht darin, dass dem Ich-Bewusstsein jede Erinnerung daran fehlt, wie und wann es die inneren Kräfte zur Gestaltung des Lebens angeregt hat. Stell es dir etwa so vor wie in einem Theaterstück, in dem du Regie führst, aber auch die Hauptrolle spielst. Wenn du auf der Bühne stehst und dich in die Rolle vertiefst, tauchst du ganz in das Spiel ein. Der Regisseur – dein Selbst – tritt in den Hintergrund. Du vergisst ihn und das Drehbuch, das ihr zusammen ausgedacht habt. Die Bühne des Lebens erscheint dir als Wirklichkeit, und dort begegnest du deinen Mitspielern: Es sind die Mitglieder deiner Familie, deine Freunde und Kollegen und auch die fremden Menschen, die dir irgendwo im Alltag begegnen. Sie haben ebenso wie du ihr Selbst vergessen und leugnen, dass ihr Tiefenbewusstsein in der äußeren Wirklichkeit Regie führt. Stattdessen meinen sie, einer objektiven materiellen Realität gegenüberzustehen, in der allein die physikalischen Naturprozesse und die Sozialbeziehungen das Weltgeschehen bestimmen. In ihrer Wirklichkeitsvorstellung gibt es nur die Bühne, kein Drehbuch und keinen Regisseur.

Von dieser Einstellung solltest du nun Abschied nehmen. Denn diese Vorstellung von der Wirklichkeit würde dich hindern, dein eigenes Inneres Wissen zu finden. Wer die Bühne für das Leben hält, fragt nicht, was hinter dem Vorhang geschieht. Er denkt materialistisch und klammert sich an das Wissen, das er auf der Lebensbühne erfahren kann. Er glaubt, Wissen müsse im Lebensverlauf erworben oder erlernt werden. Denn nach seiner Auffassung gibt es keine andere als die äußere Wirklichkeit. Es hat vergessen, dass er selbst als Regisseur das Drehbuch kennt und auf der Bühne nichts Neues erfahren wird. Er kann dort nur lernen, das Stück gut zu spielen.

Das Wissen, das durch Sinne oder Instrumente gewonnen wird, ist begrenztes Wissen; denn es ist das Wissen über bereits geschaffene Dinge und Situationen. Anders ausgedrückt: Die äußere Wirklichkeit ist das fertige Schauspiel auf der Bühne des Lebens. Der Innere Weg führt dich zum schöpferischen Bewusstsein – zum Wissen darüber, wie Wirklichkeit entsteht und wie du selbst das Drehbuch für dein Schicksal schreibst.

Um dorthin zu gelangen, kann es notwendig sein, dich von Vorstellungen, Gewohnheiten, Dingen und Menschen zu trennen, die dich daran hindern, deinen Weg zu gehen. Denn sie binden dein Bewusstsein an deine bisherige Rolle im Lebensspiel. Es ist wichtig, dass du dich befreist, um dich innerlich wandeln zu können. Dann erst eröffnet sich dir das Innere Wissen darüber, was sich hinter der Lebensbühne verbirgt.

Um das zu erreichen, werden wir uns in zwei verschiedenen Sprachen verständigen: In der konkreten sachlichen Sprache und der symbolischen Bildsprache. Ich benutze eine möglichst einfache, konkrete Darstellungsweise für die Inhalte, die ich deinem Verstand bewusst machen will. Auch wenn du mit abstrakten Denkprozessen vertraut bist und jedes wissenschaftliche Buch leicht verstehst, werde ich mich dir so einfach wie möglich mitteilen. Das ist notwendig, weil ich dich gleichzeitig mit der symbolischen Bildsprache vertraut machen will. Das ist die Sprache, die dein Inneres Wesen kennt und in seinen Träumen ständig benutzt. Abstrakte Wörter werden von deinem Inneren Wesen nicht verstanden. Wenn ich aber in konkreten Worten zu dir spreche, ist dein Inneres Wesen in der Lage, die Aussagen sofort in visionäre Bilder zu übersetzen.

Wenn ich dich also jetzt anspreche, wende ich mich nicht in erster Linie an dein Ich-Bewusstsein, sondern besonders an die Instanz in dir, die ich Inneres Wesen oder Selbst genannt habe. Sie ist die Hüterin deines Inneren Wissen, und nur wenn du in ihrer Bildsprache denken und kommunizieren kannst, wirst du mit ihr in Kontakt kommen. Scheue dich nicht, dir dieses Wesen in dir in Gestalt einer weisen Frau vorzustellen. Auch wenn es dir möglicherweise albern vorkommt, in deinem Inneren eine unsichtbare Person zu vermuten – es kann dir helfen, zu ihr zu finden, wenn du sie als IDEE akzeptierst und dieser Idee eine Form gibst. Wir werden uns im Weiteren viel damit beschäftigen, Gedanken in Bilder zu übersetzen und aus spontanen Bildvisionen Einsichten zu gewinnen.

Ich werde dir dafür Übungen vorschlagen, die du wiederholt ausführen solltest, damit sie dein Tiefenbewusstsein erreichen. Die Wirkung der Übungen verstärkt sich, wenn du dir jedes Mal Notizen über deine Erfahrungen und Beobachtungen machst. Lege dir dafür ein Tagebuch an. Es wird dir später gute Dienste leisten, um einen Überblick über deine Fortschritte zu erhalten. Jetzt brauchst du es für die Auswertung der ersten Übung. Bei späteren Übungen kannst du auf die gleiche Weise vorgehen:

1. Übung:

B. Auswertung

Wir haben an unserer Wegkreuzung einige Symbole als Wegweiser entdeckt.
Schreibe jedes Symbol auf ein separates Blatt:

1. Wegkreuzung
2. Abend, Schatten der Finsternis
3. altes Kleid
4. Rucksack
5. träumende Menschen
6. Müdigkeit, Augen mühsam offen halten

Schreibe zunächst, ohne nachzudenken, zu jedem Symbol eine Liste spontaner Gedanken (Assoziationen) auf.

Beispiel: zu 1. zwei Wege, rechts/links, Gabelung ...
               zu 3. schäbig, zerrissen, schmutzig ...
Sammele so lange deine Wörter, bis die Einfälle ausbleiben.

Nimm dir dann zuerst den Begriff vor, der die stärksten Gefühle in dir auslöst. Lass die Gefühle so intensiv wie möglich in dir wirken, bis der Begriff eine neue Vision wachruft.

Beispiel: Fühle den schweren Rucksack, nimm ihn von den Schultern, öffne ihn, fühle die einzelnen Gegenstände, lege sie nacheinander vor dich hin, prüfe ihren Wert etc.

Auf diese Weise wird die Vision plastischer und lebendiger. Dein Inneres Wissen erhält Gelegenheit, auf deine Vision einzuwirken und dir Informationen von innen zuzuspielen. Wahrscheinlich wirst du zunächst nicht genau spüren, wann du fantasierst und wann du wirklich Impulse von Innen bekommst. Das ist im Moment auch nicht so wichtig. Schreibe deine Bilder auf und lasse sie einige Tage ruhen. Wenn du sie malen willst: noch besser! Aber grüble nicht über ihre Bedeutung nach. Wenn sich dein Intellekt einmischt, ziehst du Energie von diesem inneren Prozess ab, der sich dann nicht mehr ungestört vollziehen kann.

Es genügt, wenn du dich dazu entschließt, die Visionäre Welt als wichtig anzuerkennen. Um Kontakt zu deinem Inneren Wesen zu finden, ist es zuerst notwendig, dich an das Denken in Bildern zu gewöhnen. Übe dich im ersten Monat möglichst täglich darin! Wenn du zu den o.a. Symbolen weitergehende Visionen gestaltet hast und dir nichts mehr dazu einfällt, nimm Wörter aus deinem Tagebuch oder ein Detail aus einer Vision, das dich gefühlsmäßig stark bewegt.

WICHTIG: Suche immer intensiven Kontakt zu dem Symbolbild oder dem Wort, das Freude, Sympathie, Neugier, Ärger, Zorn, Wut, Enttäuschung oder andere starke Gefühle in dir erweckt. Neutrale Symbole führen dich in eine Sackgasse. Daher ist es notwendig, dass du deine Gefühlsreaktionen nicht unterdrückst, sondern dir Zeit lässt, ihnen nachzugehen. Sie sind meine Assistenten und führen dich an die wichtigsten Themen deines Lebens heran.

Manchmal ist das Bild weniger mit einem seelischen Gefühl, sondern mehr mit einer Körperempfindung verbunden. Achte daher auch auf die Reaktionen in deinem Körper und verfolge diffuse Unwohlseinszustände, wenn du „bilderst". Jedes Bild kann sowohl von Körperempfindungen als auch von seelischen Gefühlsreaktionen begleitet sein. Beide helfen dir später, die Bedeutung deiner Visionen zu ergründen. Vorerst solltest du jedoch lernen, jede innere Reaktion zuzulassen! Erlaube also den Bildern, Einfluss auf deine innere Verfassung zu nehmen!

Diese ersten Schritte in die Visionäre Welt sind von größter Bedeutung für dich. Sie werden dir Erfahrungsbereiche erschließen, von deren Existenz du bisher nichts geahnt hast. Der Weg nach Innen ist lang, und er wird dich in Bewusstseinsräume jenseits der sichtbaren Realität des Lebens führen. Du wirst die bekannte materielle Welt überschreiten und erfahren, dass es dahinter andere Wirklichkeiten gibt, die ihre eigenen Gesetze haben. Einige dieser Gesetze wirst du kennenlernen – durch mich und durch die Assistenz deiner Gefühle und Körperempfindungen. Schließlich wirst du deinem Selbst, dem Regisseur deines Lebens, begegnen. Es wird dir alles offenbaren, was du über dich wissen musst.

Der Weg nach Innen wird dich verändern. Du wirst erkennen, dass die äußere Wirklichkeit ein Traumspiel ist, und verstehen, dass die meisten Menschen der Faszination der materiellen Wirklichkeit verfallen sind. Wenn du das Lebensspiel durchschaust, wird es dich langweilen, und du wirst wenig Neigung verspüren, die Illusionen deiner Mitspieler zu teilen. Und sie werden dich fremd und sonderbar finden, wenn du ihnen davon erzählst, dass es noch eine andere Wirklichkeit jenseits der Bühne gibt.

Den Inneren Weg zu gehen, bedeutet: Aufwachen und das Leben mit vollem Bewusstsein erleben und gestalten! Regisseur und Schauspieler gleichzeitig sein. Das ist nicht leicht, wenn alle um dich herum schlafen. Dies sollst du wissen und dich mit Mut und Entschlossenheit wappnen, bevor du den nächsten Wegweiser erreichst.

2. Wegweiser

Öffne deine Augen für die Innere Wirklichkeit

Der erste Wegweiser hat dir gezeigt, dass die äußere, materielle Welt eine Art Bühne ist, auf der du die Rolle spielst, die dein Inneres Wesen aus deinen Vorstellungen, Gefühlen und Phantasien entwickelt hat. Deine Mitmenschen sind deine Mitspieler, die ihre Rolle ebenfalls ihrem Inneren Wesen verdanken. Jeder erzeugt für die anderen Mitspieler die Illusion, dass die Bühne die einzige Wirklichkeit ist, die es gibt. Daher meinen alle, sie würden die Szenen während des Spielens bestimmen. In Wahrheit aber folgt jeder den Anweisungen seines Inneren Wesens, das als Regisseur hinter dem Vorhang verborgen ist.

Was üblicherweise Wirklichkeit genannt wird, ist die Inszenierung eines Lebensspiels, dessen Drehbuch bereits in der Vergangenheit hinter der Bühne verfasst wurde. Der Regisseur greift unbemerkt die Gedanken und Gefühle der Spieler auf und webt sie in die neuen Szenen hinein, die er für die Zukunft vorgesehen hat. Daraus gestaltet er die sogenannte objektive Wirklichkeit – also die Bedingungen deines Lebens, einschließlich der äußeren Umgebung, der Dinge und Menschen, mit denen du es zu tun hast.

Gedanken und Gefühle sind Wirkungskräfte, die im Inneren Raum eine Art Schablone oder Vision für die materiellen Dinge und Ereignisse erschaffen. Materie entsteht nicht aus dem zufälligen Zusammenspiel von Atomen und Substanzen, wie man allgemein glaubt. Die Bausteine des Lebens werden bewegt durch die unsichtbaren Kräfte des Denkens und Fühlens des Inneren Menschen. Sie organisieren sich nach dem Plan, der in den Köpfen und Herzen aller Menschen gestaltet wird. Daraus werden die Kulissen des Theaterstücks. Jeder neue Gedanke, jeder Wunsch, jedes Gefühl wird in das Theaterstück hineingewoben und bewirkt die Zukunft mit.

Wenn du die Wertvorstellungen und Sehnsüchte deiner Generation teilst, wirst du auch ihr Schicksal teilen. Du verstärkst mit deinem Fühlen und Denken jene metaphysischen Kräfte, die kollektive Prozesse wie Staatenbildungen, technischen Fortschritt, Handel und Verkehr, Kriege, Seuchen, Umweltkatastrophen, Überbevölkerung, religiösen und politischen Fanatismus erzeugen. Dein Interesse und deine emotionale Anteilnahme sind reale metaphysische Kräfte, die sich mit den Kräften anderer Menschen zusammen um ein Lebensthema sammeln und schließlich wirkliche Ereignisse inszenieren. So bewirkt die Angst vieler Menschen vor Krieg eine metaphysische Spannung, die sich eines Tages tatsächlich in kriegerischen Auseinandersetzungen verwirklicht. Entsprechend werden die Gefühle des Vertrauens und freundschaftliche Gedanken gegenüber anderen Völkern und Staaten eine Zukunft schaffen, in der Differenzen auf friedliche Weise beigelegt werden können.

In deinem ganz persönlichen Leben wirken deine Gedanken und Gefühle genauso konsequent. Dein eigenes Schicksal ist ein Produkt deiner früheren Wünsche, Triebregungen und Vorstellungen. Deine Mitmenschen übernehmen die Rollen im Lebensspiel, die du brauchst, damit sich dein Lebensplan verwirklichen kann. Jetzt bitte ich dich, deine Augen zu öffnen und dieser Wahrheit ins Auge zu sehen:

Du selbst bist für dein Schicksal verantwortlich!

Ganz egal, wie gut oder schlecht es dir derzeit geht – du hast durch dein Denken und Fühlen in der Vergangenheit die Richtung bestimmt, in die deine Inneren Kräfte geströmt sind. Sie haben sich mit ähnlichen Gedanken und Gefühlskräften anderer Menschen verbunden und deine Gegenwart gestaltet.

Wenn dir dein Leben in seiner derzeitigen Form missfällt, dann ändere die Richtung und den Inhalt deiner Gedanken und Gefühle, und du wirst in eine andere, bessere Zukunft hineingehen. Ehe du jedoch damit beginnen kannst, dich umzustellen, benötigst du Einsicht über die Gedanken und Gefühle, die sich negativ in deinem Leben auswirken. Stelle also fest, auf welche typische Weise du mit anderen Menschen zusammen ein quälendes Lebensspiel spielst.

Halt! Nicht darüber grübeln! Alles, was du dir in deinem Kopf denken kannst, sind alte, eingefahrene Gedankenroutinen. Zur Lösung der Frage brauchst du einen inneren Abstand zu den Aktivitäten in deinem Gehirn, denn alle bisherigen Gedanken haben ja die jetzige Situation hervorgebracht und halten dich in ihr fest.

Lerne deshalb zuerst, auf die üblichen Gedankengänge zu verzichten und still zu werden. Das ist nicht leicht und erfordert eine längere Übung. Meditation ist die Methode, die es dir ermöglicht, nach Innen zu sehen und ohne störende Gedanken Kontakt zu dem Inneren Wesen, deinem Selbst, zu finden. Dein Inneres Wesen hütet alle Weisheit, die in dir ruht, es kennt deine alten und neuen Träume, weiß von deiner Vergangenheit und Gegenwart und kennt auch schon die nächsten Ereignisse deiner Zukunft, die bereits visionär gestaltet sind.

Alles, was du mit deinem Intellekt nicht erfassen kannst, liegt in deinem Inneren verborgen und zeigt sich dir eines Tages, wenn du still geworden bist. Bei deinem ersten Schritt in die Visionäre Welt hast du schon ein wenig Berührung mit Meditation bekommen. Jetzt gebe ich dir eine Übung, die dir hilft, dein Bewusstsein nach Innen zu lenken.

2. Übung:

Meditation

Die Haltung

Setze dich auf einen festen Stuhl, ohne dich anzulehnen. Die Fersen berühren senkrecht unter den Knien den Boden. Die Wirbelsäule ist aufrecht und bildet mit dem Scheitelpunkt eine gerade Linie, als ob du mit einem Marionettenfaden leicht nach oben gezogen wirst. Halte den Körper locker aufrecht, ohne dich anzustrengen. Die Schultern lässt du schwer hinuntersinken, die Hände legst du ineinander in deinen Schoß, so dass die Daumen sich leicht berühren. Die Handinnenfläche zeigt wie eine offene Schale nach oben. Schließe deine Augen.

Lösung von der Aussenwelt und vom Denken

Löse deine Aufmerksamkeit jetzt von dem, was dich umgibt, wende dich bewusst von allen Geräuschen ab und mache dich bereit, deinen Inneren Raum wahrzunehmen. Beschließe, dass du nach 15 Minuten in die äussere Welt zurückkehren wirst.

Halte inne, bis du dich bereit fühlst. Dann lasse bewusst alle Gedanken und Gefühle los, die dich bis eben beschäftigt haben. Beschliesse, dass nichts mehr wichtig ist, nur das, was du innerlich spürst. Halte inne, bis du dich bereit fühlst.

Beobachtung des Atems

Richte dann deine gesamte Aufmerksamkeit auf den Atemvorgang. Du fühlst, wie der Atem natürlich durch die Nase einströmt, wie sich die Lungen weiten und der Atem in den Unterbauch fliesst – dann lässt du ihn genauso bewusst und selbsttätig ausströmen. Bleibe immer auf das freie Fliessen des Atems konzentriert. Unterlasse jeden Versuch, den Atem zu beeinflussen. Begreife, dass nichts wichtiger ist, als mit gesammelter Aufmerksamkeit mit dem Strom des Atems mitzufliessen. Kein Gedanke ist dabei nötig. Wenn doch Gedanken auftauchen, lasse sie wie eine Wolke vorbeiziehen und kehre zur Betrachtung des Atems zurück. Beachte dabei still und ohne Nachzudenken, wie sich dein innerer Zustand und deine Stimmung verändern.

Lösung vom Inneren Raum

Genauso sorgfältig, wie du die Meditation begonnen hast, beendest du sie nach 15 Minuten, wie du es dir zu Anfang vorgenommen hast. Dein Selbst wird dir dabei helfen, die Zeit einzuhalten. Löse deine Aufmerksamkeit von der Innenwelt und höre bewusst den Geräuschen zu, die von aussen zu dir dringen. Besinne dich auf den Raum, der um dich ist, spüre dein Körpergefühl und mache dich bereit, der Aussenwelt wieder zu begegnen. Wenn du dich bereit fühlst, öffne auch die Augen.

Ich empfehle dir, diese Übung unbedingt 2 x täglich 40 Tage lang auszuführen. Auch dann, wenn es dir schwerfällt, dir die Zeit und Ruhe zu nehmen. Das ist notwendig, um dich auf die Innere Wirklichkeit einzustimmen und die Haltung zu erlernen, mit der du dem Inneren Wissen nahekommen kannst. Außerdem gibst du deinem Selbst dadurch Gelegenheit, dich zu berühren. Du zeigst ihm, dass du bereit bist, deine Innere Wirklichkeit kennenzulernen. Wenn du in den ersten 40 Tagen inkonsequent bist, nimmt dein Selbst keinen Kontakt zu dir auf. Es erkennt daran, dass es dir mit deinem Entschluss, dich zu entwickeln, noch nicht ernst ist.

Sicher wird dein Intellekt schnell verstehen, was ich meine. Er braucht keine langen Übungen, um einsichtig zu werden. Doch dein Intellekt lenkt nicht dein Leben. Die Übungen wirken in die tieferen Schichten deines Inneren hinein und werden allmählich eine Umstimmung hervorrufen, die es dir möglich machen wird, dein Leben zu ändern.

Wiederholung der 2. Übung
2 x täglich für 40 Tage

Während dieser Tage ist es sehr nützlich, die ersten Buchseiten erneut zu lesen. Versuche, mit der gleichen Bewusstseinshaltung zu lesen, wie du meditierst. Lasse die Sätze in dir wirken, ohne darüber nachzudenken. Nimm Wort für Wort und Satz für Satz in dich auf. Lies auf die gleiche Weise auch deine Tagebuchnotizen durch und ergänze sie durch Ideen, die dir dabei einfallen. Schreibe auch deine Erfahrungen mit der Meditationsübung auf.

Lies erst danach weiter!

Ich nehme an, du bist meinen Empfehlungen gefolgt und hast inzwischen den Zustand leichter Versenkung in deinen Innenraum erfahren. Du weißt auch, wie es ist, kurze Zeit gedankenleer zu sein, und hast die Angst gespürt, den Kopf zu verlieren. Keine Sorge – das Denken ist nicht so wichtig, wie du meinst! Die Besinnung auf den Atem und die Gedankenstille beruhigt deine inneren Prozesse. Später wirst du die Kräfte spüren, die sich in der Stille sammeln.

Meditation reinigt dein Bewusstsein von überflüssiger und kräftezehrender Überaktivität im Gehirn. Gleichzeitig reichert sich dein Blut mit metaphysischer Energie an und nährt jede Zelle deines Körpers damit. Die Inder nennen diese unsichtbare Kraft PRANA, die wir über den bewussten Atem besonders gut aufnehmen. Es ist mehr als die chemische Substanz der Luft: Prana ist spirituelle Lebensenergie, die sowohl den Organismus als auch Gefühl und Verstand stärkt. Wenn du Fortschritte machen willst auf deinem Inneren Weg, ist es unbedingt notwendig, die beruhigende und bewusstseinserweckende Kraft der Meditation möglichst täglich zu nutzen.

Tägliche Meditation ist wichtig, damit du lernst, dein Bewusstsein in die tieferen Ebenen deines Inneren Raums zu versenken. In vierzig Tagen kannst du ein leichteres Versenkungsstadium erreichen, das für unsere Übungen genügt. Wenn du alles erfahren willst, was in dir verborgen ist, brauchst du viele Jahre intensiver Meditation.

3. Übung

Visionäre Meditation

Zunächst brauchst du eine einfache, klare Frage, die du an dein Selbst stellen kannst. Ich mache dir einige Vorschläge, die du in den nächsten Tagen selbständig ausprobieren kannst.

1. Ich gestalte mein Leben – welche Gedanken stören mein Leben?
2. Ich gestalte mein Leben – welche Gefühle stören mein Leben?
3. Ich gestalte mein Leben – welche Gewohnheiten stören mein Leben?
4. Ich gestalte mein Leben – welche Beziehungen stören mein Leben?

Ergänze die Vorschläge durch weitere Sätze nach diesem Muster.

Du beginnst genau so, wie du deine Meditation gewohnt bist. Betrachte eine Weile den Atem, ohne dich von Gedanken ablenken zu lassen. Wenn du spürst, dass du ruhig in dir gesammelt bist, denke konzentriert den 1. Teil des Satzes gleichzeitig mit dem

Einatmen: Ich gestalte mein Leben –
Ausatmen: welche Gedanken stören mein Leben?

Auf diese Weise wiederholst du die Frage mehrmals in dir und lässt sie immer tiefer in dein Inneres hinein sinken.

Nach einigen Minuten mache eine Pause und beachte alle inneren Regungen, die sich in dir zeigen: körperliche Empfindungen, Gefühlsäußerungen, Gedankensplitter usw. Geh keinem dieser Impulse besonders intensiv nach. Erst wenn sich eine Vorstellung wie ein INNERES BILD genau herauskristallisiert, folge diesem Bild und betrachte alle Einzelheiten.

Nach Ablauf der vorgegebenen Zeit spürst du durch eine Unruhe, dass es Zeit ist, aufzutauchen. Löse dich dann allmählich von den Inneren Bildern und Gefühlen, entscheide, dass du sie dir merken wirst, und lenke dann dein Bewusstsein zu deinem Atem zurück. Nach einer Weile richtest du, wie gewohnt, die Aufmerksamkeit auf die Eindrücke der äußeren Welt und beendest deine Meditation.

Nimm dir danach etwas Zeit für einige Notizen. Schreibe dir auf, welche Inneren Bilder deine Gefühle am stärksten bewegt haben. Notiere auch spontane Einfälle dazu, so dass du später darauf zurückkommen kannst. Ich empfehle dir, über das gleiche Thema mehrmals zu meditieren, mindestens dreimal. Am besten aber so lange, bis du mit dem Ergebnis zufrieden bist und genug Aufschluss über deine Frage gewonnen hast. Dann nimm dir das nächste Thema vor.

Ich habe dich jetzt mit den Grundzügen der Visionären Meditation vertraut gemacht. Diese Übungen werden allmählich dein spontanes Inneres Wissen verstärken. Deine natürliche Intuition wird verbessert, so dass dir manchmal Lösungen für aktuelle Fragen einfallen, ohne dass du besonders darüber nachgedacht hast. Intuition kommt wie eine blitzartige Einsicht in dein Bewusstsein. Wenn du das bemerkst, kannst du sicher sein, dass dein Inneres Wesen begonnen hat, mit dir zu kommunizieren.

Es wird sich immer besser darauf einstellen, deine nach innen gerichteten Fragen aufzunehmen und Impulse in Bildern und Gefühlsregungen in dein Tagesbewusstsein zu schicken. Vermutlich hat es dir bereits in den ersten Meditationen einige Hinweise auf deine negativen Gedanken und Gefühlsinhalte gegeben. Nimm sie ernst, dann wird dir bewusst werden, dass sie im Alltag disharmonische Situationen erzeugen.

Zweifel, Befürchtungen und Ängste erwecken disharmonische Energien, die einen Schatten über deinen Alltag werfen und dich zwingen, ihnen Opfer zu bringen. Die Zweifel an dir und anderen machen dich misstrauisch und besonders kritisch. Die Angst, überfallen zu werden, hindert dich, Spaziergänge im Wald zu machen. Die Furcht vor Verarmung macht dich engherzig, neidisch, geizig und hindert dich, wirkliche Freunde zu gewinnen.

Ehrgeiz und Stolz können dir ebenso im Wege stehen, denn sie machen dich hart gegenüber deinen Schwächen und denen deiner Mitmenschen. Sie treiben dich zu immer besseren Leistungen an, machen dich fordernd denen gegenüber, die mit dir leben. Es kann sein, dass du die Freude an kleinen Dingen verlierst und schließlich gar keine Freude mehr empfinden kannst, weil nichts dir gut genug ist.

Aber auch Mitleid und Hilfsbereitschaft können dir zur Falle werden, wenn sie dir dazu dienen, vor dir zu vertuschen, wie minderwertig und elend du dich selber fühlst. Weil du dich nicht recht leiden kannst, suchst du dir vielleicht schwächere Menschen, um wenigstens in ihren Augen Bedeutung zu gewinnen.

Vielleicht hast du diese oder andere Eigenschaften entdeckt, die in deinem Leben eingefahrene Gleise geschaffen haben. So wie du denkst und fühlst, handelst du und erweckst in deinen Mitmenschen ein Bild von dir. Sie gewöhnen sich daran und bestärken dich darin, indem sie ihr Denken und Fühlen danach ausrichten. Sie spielen also die Rolle auf der Lebensbühne, die du ihnen unbewusst zuteilst.

Wenn du von dir zum Beispiel meinst, dass du im Vergleich zu anderen ziemlich langweilig und unattraktiv aussiehst, dann prägen diese Gedanken deinen Gesichtsausdruck, deine Gesten und den Tonfall deiner Stimme. Alles an dir zeigt: Ich bin hässlich. Gleichzeitig wartest du möglicherweise sehnsüchtig auf Komplimente und Sympathiebeweise. Tatsächlich gibt es keine wirklich hässlichen Menschen. Auch körperlich beeinträchtigte Personen können eine sehr attraktive Wirkung haben, wenn sie eine positive Einstellung zu finden. Jedoch werden sich deine negativen Gedanken und Gefühle auf jeden Mitmenschen übertragen, mit dem du zusammenkommst. Wenn du denkst: „Ich bin hässlich, wahrscheinlich mag er/sie mich doch nicht!, wird dein Gegenüber diese Botschaft metaphysisch empfangen und sich unwillkürlich abwenden. Seine Reaktion aber ist die Bestätigung für deine eingebildete Hässlichkeit, und du wirst dein Denkmuster weiter festigen.

In deinen Meditationen wirst du die negativen Denkmuster leichter entdecken als im Alltag. Wenn du daraufhin beschließt, deine negativen Gefühle und Gedanken zu erneuern und ins Positive umzupolen, bekommst du zunächst Schwierigkeiten mit deiner Umwelt. Jeder, der dich länger kennt, hat ein Denkmuster über dich in seinem Kopf, das er bestätigt haben möchte. Wenn du plötzlich anders denkst, erkennt er dich nicht mehr wieder. Du erscheinst ihm fremd und irritierend. Wenn er nicht den gleichen inneren Bewusstseinsprozess durchläuft, wird er dir verübeln, dass du nicht mehr in sein Erfahrungsschema passt. Zunächst hilft er sich einfach damit, dass er stur darauf beharrt, dich ja lange genug zu kennen und genau zu wissen, wie du bist. Er verwendet große Energien darauf, sein Bild von dir zu festigen. Möglicherweise argumentiert er sogar mit dir und erklärt dir, wie du eigentlich bist. Mit ganzer Kraft verlangt er danach, dass du so bleibst, wie er dich früher wahrgenommen hat. Er will das Lebensspiel auf die bisherige Art weiterspielen. Aus diesem Grund ist es schwierig, sich zu verändern und seine Eigenschaften zu verbessern, wenn man mit vertrauten Menschen zusammenlebt. Schon die ersten Ansätze eines neuen Denkens und Handelns treffen mit Sicherheit auf erbitterten Widerstand bei Eltern, Freunden und beim Lebenspartner. Erwachsene Menschen sind häufig nicht mehr veränderungsbereit. Sie suchen die scheinbare Sicherheit eines festen, unverrückbaren Weltbilds, in dem sich nichts verändert, besonders nicht die Menschen, die sie lieben.

Gerade die Menschen, die dir besonders viel bedeuten, unterstützen deinen inneren Fortschritt meist nicht. Wenn du dich änderst, gefährdest du das vertraute Lebensmuster, das sie zusammen mit dir bisher aufrechterhalten haben. Wenn sich ein Element im Spiel ändert, müssen sich auch die anderen Elemente entsprechend neu ausrichten. Obgleich du den Entschluss gefasst hast, innerlich zu reifen und dich zu wandeln, haben sie dem vielleicht nicht zugestimmt und für sich nicht das Gleiche beschlossen. Im Respekt vor ihrer Würde und ihrem Selbstbestimmungsrecht ist es an dir, dich vorsichtig zu verhalten und – wenn nötig – dich von ihnen zurückzuziehen. Das heißt nicht notwendigerweise, dich zu trennen, sondern dir Abstand zu gönnen, um in Ruhe deine Schritte zu tun und deine neue Position allein zu erringen. Wenn du in dir sicher geworden bist, kannst du ihnen neu begegnen. Gefährlich für dich und sie ist nur die Zwischenzeit, in der du um deine Erneuerung ringst. Dann bist du anfällig für Störungen und Irritationen durch die Menschen, die dich in alten Gewohnheiten festhalten wollen.

Ein Rückzug aus den vertrauten Beziehungen wird oft als unsozial und egoistisch missverstanden. Wer sich der Inneren Welt zuwendet, muss die Äußere Welt vorübergehend distanziert betrachten und zeitweilig sogar meiden. Das ist nur so lange notwendig, bis du deine natürliche Selbständigkeit erlangt hast, die es dir erlaubt, deine Schritte selbstbestimmt und bewusst nach deiner Einsicht zu lenken.

Der Innere Weg löst dich auf natürliche Weise von deiner bisherigen Lebensrolle, aber auch von der Bestimmung durch gesellschaftliche Kräfte und familiäre Bindungen. Er bringt dich dazu, deine sozialen Beziehungen zu überdenken und festzustellen, welchen Sinn sie für dich erfüllen. Frage dich also, ob die von dir bisher gespielte gesellschaftliche Rolle wirklich mit deinem Lebenssinn im Einklang steht. Finde heraus, wer und wie du wirklich bist, was du anderen Menschen bedeutest und welche Rolle sie in deinem Leben spielen. Es kann nicht darum gehen, dein Leben nach den Wünschen und Vorstellungen anderer Menschen einzurichten und nach ihren ethischen Grundsätzen zu handeln. Sondern es ist wichtig, dein Gewissen zu erforschen und die Inneren Kräfte zu entdecken, die sich entfalten wollen. Gib diesen Kräften die Möglichkeit, sich zu entwickeln, und richte dich mehr nach den Impulsen aus deinem Inneren.

Wenn es dir eines Tages gelingt, ganz aus der Quelle deines Inneren Wissens zu schöpfen, wird das Richtige geschehen – es wird sowohl für dich richtig sein als auch für die Menschen, mit denen du lebst. Zuvor aber wirst du durch eine Phase der Unsicherheit hindurchgehen, in der alte Lebensregeln nicht mehr gelten und die neue Lebensform noch nicht gefunden ist. Heute liegt der Weg noch weit vor dir, und es ist dir völlig unklar, wie du dieses Ziel je erreichen sollst. Aber gehe nur zuversichtlich jeden Schritt genauso bedächtig wie bisher weiter, und du wirst dein Ziel sicher erreichen.

3. Wegweiser

Löse dich von deinen Fesseln

In der Meditation hast du gelernt, deine Aufmerksamkeit für eine kurze Zeit von der Fixierung auf die Außenwelt zu lösen. Der Zwang unaufhörlicher Gedankentätigkeit ist erfolgreich unterbrochen worden. Vielleicht hast du früher nie bemerkt, dass du unter einem Denkzwang stehst. Der ständige Dialog in deinem Kopf ist dir normal vorgekommen. Sicher stellst du jetzt im Alltag fest, dass ununterbrochen irgendwelche belanglosen Gedanken in dir kreisen. Das ist eine der Fesseln, die dich unfrei machen. Nun hast du eine neue Freiheit hinzugewonnen:

> Es ist wunderbar, dass du denken kannst! Und es ist großartig, dass du das Denken lassen kannst!

Auch wenn es dir nur ganz kurze Zeit gelingt – mit dieser Erfahrung bist du der Weisheit ein gutes Stück näher gekommen. Es ist eine wichtige Regel der Lebenskunst, alles zur richtigen Zeit zu tun. Jeder innere Zwang hindert dich daran, auf die augenblickliche Situation angemessen zu reagieren. Du hast Schreiben und Rechnen gelernt – das tust du doch auch nicht unentwegt! Auch Reden, Gehen, Lachen und Schlafen unterbrichst du durch lange Phasen des Nicht-Redens, Nicht-Gehens, Nicht-Lachens und Nicht-Schlafens.

Alle Handlungen haben ihre Zeit, auch das Atmen vollzieht sich in einem natürlichen Rhythmus von Ein- und Ausfließen. Wenn du ab sofort nur noch einzuatmen versuchtest, würdest du in wenigen Minuten sterben. Seltsamerweise findet man bei vielen Menschen das Phänomen, dass sie das Denken nicht lassen können. Wenn der Schlaf sie nicht immer wieder in die Gedankenlosigkeit zwänge, würden sie sich mit Denken verrückt machen. Besonders Personen mit einer ausgeprägten intellektuellen Neigung verfallen dem Denkzwang und vergessen, dass das Leben vor allem aus Erleben und Fühlen besteht. Daraus gewinnst du Erfahrung und Einsicht – Denken und Grübeln schneiden dich vom Erfahrungslernen ab.

Vorausdenken und Nachdenken sind Denkprozesse, die sich mit Problemen beschäftigen, die im Augenblick gar nicht stattfinden. Sie vollziehen sich allein im Kopf – losgelöst von dem tatsächlichen Geschehen. Alle Überlegungen, die über die Gegenwart hinausgehen, sind Bewusstseinsspaltungen und trennen dich von deinem wirklichen Leben. Wenn du zum Beispiel während der Haus- oder Gartenarbeit über berufliche Fragen nachdenkst, ist dein Bewusstsein nicht auf das konzentriert, was deine Hände tun. Du bist dann nicht in Kontakt mit deiner Wirklichkeit. Der Kontaktverlust kann im Extremfall so weit gehen, dass du die Fähigkeit verlierst, deine Gegenwart so wahrzunehmen, wie sie wirklich ist. Dann fällt es dir zunehmend schwerer, dich situationsgerecht zu verhalten. Du reagierst nur noch auf das, was du dir über die Situation denkst, und nicht mehr auf das wirkliche Geschehen.

Meditation ist ein notwendiges, heilsames Gegenmittel, das dem Denken die Zwanghaftigkeit nimmt. Die Übungen erwecken in dir die Fähigkeit, dich zu konzentrieren und dich auf die notwendigen Gedankengänge zu beschränken. Durch regelmäßige Meditation lernst du, deine Gedanken von fiktiven Vorstellungen zu lösen und deine Bewusstseinskraft an deine Handlungen zu binden. Schließlich wirst du in jeder Situation konzentriert mitdenken können, ohne abgelenkt zu werden. Dann gelingt es dir, die Ereignisse unmittelbar zu verstehen und richtig zu handeln.

Ein wenig Geduld brauchst du, um dieses Ziel zu erreichen. Bedenke, wie viel Übung es gebraucht hat, bis du fließend und ohne nachzudenken Schreiben und Lesen konntest. Als Schulkind hattest du es sehr schwer, die Grammatikregeln zu durchschauen, und es dauerte einige Jahre, bis du komplizierte Texte lesen konntest. Jetzt bist du ein Schüler auf deinem Weg zum Inneren Wissen, und du wirst wieder lange brauchen, um selbstverständlich mit den Regeln der Inneren Wirklichkeit umgehen zu können.

Es kommt darauf an, möglichst vieles von dem loszulassen, was du bisher getan und gedacht hast. Ehe du wirklich etwas ändern kannst, musst du leer werden von bisherigen Gedanken und Handlungsweisen. Niemand kann sein Leben ändern, ohne durch ein Stadium der Leere zu gehen. Je mehr Gewohnheiten du loslassen kannst, umso freier wirst du innerlich. Das gilt auch für deine Wohnräume und Schränke. Du schaffst dir freien Lebensraum, wenn du mit wenigen Sachen auskommst. Löse dich von allen unnötigen Dingen und Gewohnheiten! Unterbreche den Zwang, beim Essen auf einem bestimmten Stuhl zu sitzen. Entscheide täglich neu, was du Jetzt! tun möchtest, anstatt in dein altes Fahrwasser zu gleiten. Höre auf, Sklave deiner Vorlieben und Abneigungen zu sein – sie hindern dich daran, zu wachsen und zu reifen.

Menschen neigen dazu, sich an selbst gewählte Routinen zu binden und verweigern sich dem lebendigen, spontanen Leben. Jeder gedanklich konstruierte Plan und jede feste Gewohnheit zwingen den natürlichen Lebensstrom in einen künstlichen, starren Kanal, dessen Lebenskräfte sich stauen und schließlich versickern. Gewohnheiten sind bequem, aber wer sich nicht mehr ändert, der erstarrt, er verliert seine Lebendigkeit und altert schnell. In der nächsten Übung kannst du herausfinden, wie deine Lebenskräfte fließen.

4. Übung:

Lebensstrom Meditation

Stelle dir nach der üblichen Versenkung in dein Inneres einen Fluss oder See vor. Du stehst an seinem Ufer und betrachtest die Oberfläche. Verfolge, wie sie von Wellen und Wind bewegt wird. Stelle fest, wie tief du sehen kannst, und schau nach Pflanzen und Tieren aus. Betrachte auch die Landschaft und fühle die Wirkung des Klimas.

Das Symbolbild des fließenden oder stehenden Gewässers bietet deinem Inneren Wesen Gelegenheit, dir zu zeigen, wie deine Lebenskräfte strömen, ob sie beweglich (stark fließendes Wasser) oder erstarrt sind (gefrorenes Wasser). Meditiere dieses Thema sieben Tage lang. Notiere deine Beobachtungen und Einsichten über dich, ehe du im Buch weiterliest.

Das Symbol des Wassers bezieht sich vor allem auf deine Gefühlskräfte. Ein tiefes, dunkles Gewässer zeigt dir, dass dir die Tiefe deines Inneren fremd und unbehaglich ist. Vermutlich wirst du große Schätze darin entdecken, aber du zögerst noch, dich auf dich einzulassen.

Ein klares, flaches Wasser zeigt dir, dass du zwar vertraut mit dir bist, jedoch tiefe Erfahrungen vermeidest. Schmerz, Trauer und Leid stoßen dich ab und machen dir Angst. Du suchst nicht wirklich nach den Schätzen deines Inneren, sondern bleibst an der Oberfläche des Lebens und möchtest leicht und unbeschwert dahinleben.

Falls dein Wasser teilweise oder ganz gefroren ist, hast du deine Gefühle und inneren Kräfte erstarren lassen. Du reagierst vermutlich nicht mehr natürlich aus deinen Empfindungen heraus, sondern richtest dich danach, was dir gesellschaftlich angemessen oder für das Erreichen deiner Ziele notwendig erscheint. Andere Menschen können dein Gefühl nicht direkt berühren und empfinden dich vielleicht als kühl, streng und unnahbar.

Ein offenes, fließendes Gewässer mit seichten, klaren Ufern, das in der Tiefe von Pflanzen und Tieren belebt ist, zeigt, dass deine Lebenskräfte natürlich und lebendig fließen. Sie stehen dir zur Verfügung und helfen dir, dein Leben auf die für dich richtige Weise zu gestalten. Wenn du dich an einem solchen See stehen siehst, achte auf seine Zu- und Abflüsse. Auch sie müssen in Bewegung sein, um die gesunde Reinigung deines Innenlebens zu gewährleisten.

Wenn dein Gewässer sumpfig oder moorig ist, Vorsicht! Du brauchst einen persönlichen Begleiter durch die Schichten deines Inneren, der dich halten und sicher führen kann. Die Übungen in diesem Buch sind für dich nicht geeignet, bevor du sicheren Boden unter deinen Füßen spürst. Das heißt, du musst zunächst dein weltliches Leben in Ordnung bringen und dich seelisch ausbalancieren, ehe du auf dem Weg zum Inneren Wissen gehen kannst. Suche dir die Unterstützung eines Arztes oder Psychotherapeuten. Auch eine Selbsterfahrungsgruppe kann dir weiterhelfen. Vermeide am besten alle spirituellen Praktiken und weitere Visionäre Meditationen! Erst wenn aus deinem Sumpf ein natürlich fließendes Gewässer geworden ist, bist du innerlich bereit für diesen Weg.

An dieser Stelle möchte ich dich auch davor warnen, meine Übungen zusammen mit Alkohol- oder Drogenkonsum durchzuführen. Der Innere Weg verlangt Disziplin und soll zu einer natürlichen Bewusstseinsentwicklung anregen. Alle bewusstseinsverändernden Mittel, auch Psychopharmaka, verändern die Wirkung der Übungen. Das kann zu erheblichen Störungen deiner seelischen und geistigen Gesundheit führen.[*]

Dein Selbst wird dich darin unterstützen, weitere Symbole aus deiner Meditation zu verstehen. Erinnere dich zwischendurch an dein Inneres Wesen, das dir noch näher kommt, wenn du jede Meditation mit einem kleinen Dank abschließt.

Danke deinem Inneren Selbst!

Stelle dir dein Inneres Wesen als eine in zarte, schimmernde Gewänder gehüllte Gestalt vor. Es ist in deiner Inneren Welt

---

[*] Die in diesem Buch beschriebenen Übungen sind grundsätzlich ungefährlich. Im Einzelfall können jedoch psychoseartige Zustände ausgelöst werden, wenn eine Prädisposition dazu besteht. Auch im Falle früherer Alkohol- oder Drogensucht können durch die Übungen psychische Störungen auftreten.

immer anwesend. Versuche, dein Herz mit einem dankbaren Gefühl zu erfüllen. Neige in der Vorstellung deinen Kopf in ihre Richtung und übermittle ihr in Gedanken deinen Dank. Dadurch zeigst du ihr, dass dir ihre Hilfe willkommen ist.

Die nächste Übung zeigt dir, welche deiner Gewohnheiten Fesseln für dich sind. Lass dir bitte auch dafür jeweils einige Tage Zeit. Du kannst nichts gewinnen, wenn du eilig bist, Ruhe und Gelassenheit schaffen das Fundament für die wachsende Erkenntnisfähigkeit. Die Übungen sind Impulse, die in deinem Inneren Wachstumskräfte anregen. Ähnlich einem Samenkorn, das in die Finsternis der Erde gesenkt wird und durch das Sonnenlicht gelockt wird, sich zu entfalten. Deine bewusst nach Innen gelenkte Aufmerksamkeit ist den Strahlen der Sonne vergleichbar, die in der Tiefe deiner Innenwelt das Leben wachrufen. Aber es braucht alles Zeit, sich naturgemäß zu entfalten.

5. Übung:

Erkenne deine Fesseln

Lasse bei jeder Meditation einen der folgenden Sätze in dir wirken, bis die konkreten Situationen vor deinem Inneren Auge lebendig erscheinen. Denke den ersten Teil des Satzes beim Einatmen und den zweiten Satzteil beim Ausatmen. Atme ruhig und rhythmisch.

1. Ich erkenne meine Fesseln – woran bin ich gebunden?
2. Ich erkenne mein Gefängnis – was macht mich unfrei?
3. Ich erkenne meine Gewohnheiten – was soll ich lassen?

Was tust du nun, wenn du deine Fesseln kennst? Es wird dir sehr schwerfallen, sofort alles anders zu machen. Erkenntnis ist die Voraussetzung für eine Veränderung, jedoch brauchst du Geduld mit dir und solltest dir Zeit lassen.

Notiere in deinem Tagebuch alle Punkte sorgfältig, die dir bewusst geworden sind. Stelle nüchtern fest, welche Gewohnheiten dich daran hindern, dich frei zu bewegen und dich weiterzuentwickeln. Betrachte diese Eigenarten nicht als deine Fehler! Es hilft dir nicht weiter, dich anzuklagen und dir vor Augen zu halten, wie schlecht und minderwertig du bist. Dadurch erreichst du nur, dass du in tiefen Gram und Selbstzweifel fällst und die notwendige Kraft für deine Veränderung verlierst. Aber vielleicht kommt es dir auch gelegen, kraftlos zu werden?

Immerhin könnte es sein, dass es dir bequemer erscheint, dein Leben auf bisherige Weise fortzuführen. Und wenn du dir sagen kannst: „Ich bin schwach, ich schaffe es doch nicht", hast du ein überzeugendes Argument. Wenigstens für dich selbst. Ich lasse mich davon nicht beeindrucken, denn ich weiß: du kannst alles erreichen, was du wirklich willst!

Deine innere Schwäche kann allerdings eine Willensschwäche sein. Es ist möglich, dass du tief innen noch immer Nein! zur Selbsterkenntnis sagst, obwohl es dich andererseits lockt, die Erfahrungen zu machen, die dir der Innere Weg bietet.

Falls dieses Nein noch besteht, nützt dir die Einsicht nicht viel, die du durch Meditation gewonnen hast. Deshalb ist es wichtig, deinen Wunsch zur Veränderung zu festigen.

6. Übung:

Löse dich von deinen Fesseln

Versenke dich, wie gewohnt, und verbinde deinen Atem mit dem folgenden Satz:

Ich bin bereit zu wachsen – ich löse mich von allen Fesseln.
Diesen Satz solltest du so lange in deiner Meditation bewegen, bis sich ein Gefühl tiefer innerer Freude in dir

ausbreitet. Vergiss auch nicht, deinem Inneren Selbst zu danken.

Diese Meditation hilft dir, das innere Nein zu überwinden. Danach kannst du mit den ersten Schritten zur Veränderung beginnen.

Beispiel:

– Beginne damit, dich von dem Zwang zu befreien, häufig auf die Uhr zu sehen.
– Mache dir zunächst einmal klar, dass dich die Uhr zum Sklaven macht, wenn du glaubst, nicht ohne sie auszukommen.
– Beschließe, dich zu befreien und zukünftig ohne Wecker aufzuwachen. Wenn du um 6.30 Uhr aufstehen musst, beschließe einfach, von selbst um 6.20 Uhr zu erwachen.
– Schaue vor dem Einschlafen auf die Uhr und bitte dein Inneres Wesen um Unterstützung, damit du zu deiner selbst bestimmten Zeit aufwachst.

Nach einigen Wochen wirst du auf Wunsch jederzeit erwachen können. Befreie dich dann auch von dem Zwang, den Tag über nach der Uhr zu leben. Beschließe gleichermaßen, dich von selbst an die notwendigen Termine zu erinnern, wenn es an der Zeit ist. Du wirst merken, dass dein Inneres Wesen dich rechtzeitig mit leiser Unruhe dazu auffordert, deinen Terminen nachzukommen. Das wird aber nur dann gut funktionieren, wenn du nicht darauf bestehst, den ganzen Tag mit Terminen zu verplanen. Lass dir also genügend Freiraum für unstrukturierte Zeit.

Wenn du beruflich an feste Termine gebunden bist, streiche vorerst alle Termine für deine Freizeit. Triff private Verabredungen möglichst nur unter Vorbehalt mit einem zeitlich flexiblen Rahmen. Also etwa so: „Ich treffe dich gern am Samstag. Lass uns bis Mittag telefonieren und die Zeit abstimmen." Und achte darauf, dass du an freien Tagen wirklich frei bist und über deine Zeit verfügen kannst. Ohne Mußestunden, in denen du keine Aktivitäten vorausgeplant hast, wirst du auf deinem Inneren Weg stecken bleiben und keine wirklich wertvollen Erfahrungen machen!

Die unstrukturierte Zeit ist der Rahmen, in dem sich die Wirkung deines Inneren Wesens am besten entfalten kann. Alle von deinem Denken oder deinen Wünschen verplanten Stunden haben einen definierten Zweck. Um den Zweck so zu erfüllen, wie du es dir vorstellst, wendest du alle dir zur Verfügung stehende Energie auf. Du willst etwas Bestimmtes erreichen oder erleben. Manchmal sind dir deine Absichten nur vage bewusst; trotzdem versuchst du, dein Ziel möglichst zu erreichen.

In dieser Haltung bist du für Impulse aus deinem Inneren ziemlich unempfänglich. Da deine Aufmerksamkeit vollkommen auf dein äußeres Ziel gerichtet ist, verstummt dein Inneres Wesen schließlich, und du verlierst den wichtigsten Helfer, den du hast. Um an der Weisheit deines Inneren Wesens teilzuhaben, solltest du deine Aufmerksamkeit häufig nach Innen richten – nicht nur in den Zeiten der Meditation. Du kannst vor jeder Begegnung, vor jedem Telefongespräch und vor jeder neuen Handlung für einen Moment die Augen schließen und dich auf dich selbst besinnen.

Du brauchst auch Mußestunden, in denen du still wirst und deinen Stimmungen und Gefühlskräften Raum gibst, um dich unbeeinträchtigt von gesellschaftlichen Bedingungen zu entfalten. Besinnlichkeit ist der Schlüssel für deinen Inneren Raum. Während du still bist, ein wenig in den Tag hinein lebst und von Moment zu Moment neu entscheidest, was zu tun oder zu lassen ist, strömen innere Kräfte durch dich hindurch, stärken dich und klären dein Bewusstsein.

Dein Urlaub ist ein wertvoller Zeit-Raum, in dem du deinem Selbst Gelegenheit geben kannst, dir zu zeigen, was dir guttut. Immer, wenn du deinen Tag nicht von deinen gedanklichen Vorstellungen prägen lässt, lenkt dich dein Inneres Wesen weise durch die Zeit, führt dich von Situation zu Situation und zeigt dir durch eine sanfte Einwirkung auf deine Gefühle, was gut für dich ist. Was du besser lassen solltest, wirst du erst dann wahrnehmen, wenn du in dich hineinhorchst und deine Stimmungen und körperlichen Signale beachtest. Das zarte, weise Wesen in dir hat eine leise Stimme, und es kann nur auf deine Empfindungen einwirken, um auf sich aufmerksam zu machen. Es liegt an dir, wie achtsam du auf seine Impulse hörst.

Wenn du Unabhängigkeit von der Uhr erreicht hast, kannst du auf gleiche Weise die Gewohnheiten ablegen, die dir in Übung 5 bewusst geworden sind. Du bist erst dann völlig davon befreit, wenn es dir gleichgültig ist, ob du etwas tust oder lässt. Wenn du also mit und ohne Uhr genauso gut zurechtkommst, hast du es geschafft. Der Gedanke: Ich muss ... sollte in deinem Bewusstsein ersetzt werden durch: Ich kann ... und ich will ...

Je weniger Zwänge du dir selbst auferlegst, umso natürlicher fließen deine Lebenskräfte und geben dir ein heiteres Lebensgefühl. Du spürst, dass du flexibel und spontan auf neue Situationen reagieren kannst. Das macht dich sicher und selbstbewusst. Deine Lebensfreude wächst, und du gewinnst eine positive Wirkung auf andere Menschen.

4. Wegweiser

Finde, ohne zu suchen

Sicherlich hast du dich inzwischen an die Vorstellung gewöhnt, dass in deinem Inneren ein zartes Wesen wohnt, das dich auf allen deinen Wegen begleitet. Ich habe dir vorgeschlagen, es dir als weise Frau vorzustellen, die in ein helles Gewand gehüllt ist. Vielleicht hat es sich in dir aber in der Gestalt eines Mönches oder eines alten Mannes gezeigt. Manche Menschen sehen es auch als Kind und stellen fest, dass das Innere Kind weiser ist als das Ich-Bewusstsein. Wenn du regelmäßig mit deinem Inneren Wesen in Verbindung trittst, wirst du seine Weisheit auch im Alltag spüren. Besonders nahe ist es dir, wenn du meditierst oder stillen Beschäftigungen nachgehst. Aber es wird dir auch in den Stunden beistehen, in denen du von anderen Dingen in Anspruch genommen bist.

Dein Selbst wird dich unauffällig dabei unterstützen, dich von deinen Fesseln zu lösen, weil du es darum gebeten hast. Es wird dir auch andere Situationen erleichtern. Doch es kommt vor allem auf dein Vertrauen und deine Zuversicht an. Wenn du bereits morgens nach dem Aufwachen dein Inneres Wesen begrüßt und ihm in Gedanken von dem erzählst, was du dir für den Tag vorgenommen hast, stellt es sich auf deine Aktivitäten ein. Du darfst es bitten, dich zu begleiten und zu unterstützen. Es wird alles in seiner Macht Stehende tun, um dir Kraft und Einsicht für deine Aufgaben zu geben.

Dein Inneres Wesen wartet nur darauf, von dir gebeten zu werden. Es möchte die Rolle in deinem Leben spielen, für die es geschaffen ist: der Regisseur deines Lebens zu sein. Deshalb brauchst du nicht zu befürchten, dass du unrechtmäßige Ansprüche stellst, wenn du es für deine alltäglichen Geschäfte bemühst. Allerdings hat es auch die Aufgabe, dich von allem fernzuhalten, was dir schadet. Es wird dich nicht bei unredlichen Taten unterstützen, sondern sich zurückziehen, sobald du unehrliche, boshafte oder feindselige Absichten hegst.

Dein Selbst ist die verbindende Instanz zwischen deinem Ich-Bewusstsein und deinem Schöpfer. Manche Menschen erleben deshalb ihr Inneres Wesen als einen vom Himmel gesandten Engel. Es weiß, welcher Lebensweg für dich vorgesehen ist, und kennt den Willen des Schöpfers mit dir. Es wird dir so lange Unterstützung gewähren, wie dein Tun und Lassen mit deinem vorgesehenen Schicksal übereinstimmt. Der Rahmen deines Schicksals ist weit gefasst und bietet dir viele Entscheidungsmöglichkeiten.

Das Leben ist voller Erfahrungen, die du brauchst, um dein Bewusstsein zu klären und zu erweitern. Du wählst selbst die Rolle, in der du am besten wachsen und reifen kannst. Wenn du deine Wahl getroffen hast, vollzieht sich das Lernen und damit dein Schicksal, in das du dann nicht mehr eingreifen kannst. Erst wenn die Folgen deiner Wahl eingetreten sind, gibt dir dein Inneres Wesen mit leiser Stimme zu verstehen, welche Wahl für dich gut ist. Aber wenn du anders wählst, lässt es dich gewähren. Denn es weiß, es warten immer wieder Situationen auf dich, aus denen du den für dich wichtigen Erkenntnisgewinn schöpfen kannst.

Es ist dir erlaubt, gegen den Rat deines Inneren Wesens zu handeln. Dann aber bist du auf dich allein gestellt und musst die Situation ohne seine Hilfe durchstehen. Es wird dir keine zusätzliche Kraft bereitstellen, und es wird auch keine weiteren Ratschläge erteilen. Erst wenn du in Bedrängnis kommst und erneut seinen Rat erbittest, wird es dir zeigen, wie du die Situation lösen kannst.

Vielleicht fällt es dir noch schwer, die Innere Stimme wahrzunehmen. Am deutlichsten kannst du sie im Brustbereich empfinden. Ein freudiges Gefühl in der Nähe deines Herzens zeigt dir an, dass dein Inneres Wesen mir deinen Absichten einig ist. Freude heißt also: Ja!

Wenn du dich im Herzbereich beklommen und bedrückt fühlst, ist etwas mit deiner Lebenshaltung nicht in Ordnung. Du bist entweder in eine Situation verstrickt, die nicht gut für dich ist, oder du bist ganz auf den falschen Weg geraten. In diesem Fall solltest du warten, bis du bei einem Gedanken oder einer inneren Frage ein helleres, freudigeres Gefühl im Herzen empfindest. Durch diese leichten Signale leitet dich dein Inneres Wesen aus der schwierigen Lage heraus. Du tust gut daran, diese Impulse ernst zu nehmen und sofort zu befolgen, sonst verstummt die Stimme wieder. Dein Inneres Wesen weiß, wann du dich seinem Rat verschließt. Es wird sich dir nie aufdrängen, sondern abwarten, bis du es erneut bittest. Doch wenn du es lange unbeachtet lässt, wird es dir nicht gleich antworten. Es wird abwarten und prüfen, ob du es ernst meinst. Aus diesem Grund ist es hilfreich, am Abend den vergangenen Tag zu überdenken und festzustellen, wann du die leise Stimme in deinem Herzen überhört hast.

Bitte dein Selbst um Geduld!

Sprich in Gedanken mit deinem Inneren Wesen und bitte es um Geduld. Versichere ihm, dass du weiterhin seine Führung wünschst und lernen willst, immer besser darauf zu hören. Bitte es um Kraft und Schutz in der Nacht. Wenn du ihm außerdem mitteilst, was du am nächsten Tag erledigen willst, wird es dich während des Schlafes darauf vorbereiten. Beende dein inneres Gespräch mit einem ehrlich empfundenen Dank.

Ich habe dir gesagt, dass dein Inneres Wesen in einer Verbindung mit deinem Schöpfer steht. Mag sein, dass du nicht sehr religiös veranlagt bist und Gott dir wenig bedeutet. Ein Gespräch mit deinem Inneren Wesen ist eine Möglichkeit, deinem Schöpfer näherzukommen. Dazu brauchst du nicht besonders gläubig zu sein. Die Kräfte, die dir dein Inneres Wesen zur Verfügung stellt, sind Seine Kräfte. So ist ein Dank an dein Inneres Wesen immer auch gleichzeitig Dank an deinen Schöpfer.

Du kannst also morgens und abends mit deinem Inneren Wesen in Verbindung treten und seine Unterstützung für alle deine Vorhaben erbitten. Wenn du die Gefühle in deinem Herzen beachtest, wird es während des ganzen Tages zu dir sprechen. Auf diese Weise wirst du finden, ohne zu suchen. Unmerklich wird dein Selbst die Lenkung deines Lebensweges übernehmen. Es weiß ja, was du dir vorgenommen hast, und wird dich sanft in die Situation hineinführen, die dir weiterhilft.

Halte die Augen und Ohren offen und spüre zu deinem Herzen hin! Wenn du auf seine Signale hörst und ihnen folgst, kommst du ohne größere Anstrengungen zur richtigen Zeit an den richtigen Ort. Du wirst beim Einkaufen die richtigen Wege gehen und die Dinge finden, die du schon lange gesucht hast. Unerwartet entdeckst du in einer Auslage ein Buch, zu dem es dich wie magisch hinzieht. Wenn du diesem Impuls folgst, findest du darin sicher eine Antwort auf etwas, das dich kürzlich in Gedanken beschäftigt hat.

Dein Inneres Wesen gibt dir auch Zeichen, wann es Zeit ist, nach einer für dich geeigneten neuen Wohnung zu suchen. Es lenkt deinen Blick in der Zeitung auf die Anzeigen, bei denen du Chancen hast. Ähnlich verhilft es dir zu einer besseren Stellung. Oder dazu, ein Auto zu kaufen. Dann kann es sein, dass du seltsamerweise den Drang verspürst, dich auf eine Parkbank zu setzen, obwohl du zu einem Autohändler unterwegs bist. Nach ein paar Minuten taucht vielleicht ein alter Schulfreund auf und erzählt dir, dass er sein Auto verkaufen möchte.

Auf diese Weise haben schon viele Menschen sogenannte Wunder erlebt. Aber solche Situationen ereignen sich nur, wenn du bereit bist, von deinen vorgefassten Plänen abzuweichen. Diese wundersamen Ereignisse kannst du nicht mit dem Denken deines Ich-Bewusstseins hervorbringen. Im Gegenteil, eine angestrengte Tätigkeit im Kopf nimmt deinem Selbst die Energie, die es benötigt, um seine kleinen Wunder zu vollbringen.

Du kannst allerdings deinem Inneren Wesen helfen, die Wunder vorzubereiten. Das „Denken in Bildern" unterstützt dein Selbst bei der Gestaltung deiner Wirklichkeit. Gewöhne dich daran, dein Inneres Wesen über deine Absichten zu informieren, indem du dir bildlich vorstellst, was du tun willst.

Beispiel: Stelle dir konkret das Auto vor, das du kaufen möchtest. Definiere den Preisrahmen, den du dir leisten kannst. Stelle dir das Modell mit den Ausstattungsdetails vor, das du am liebsten hättest (Autoradio mit CD-Spieler, Liegesitze, Schiebedach etc.). Stelle dir auch die Farbe, Kilometerleistung und den allgemeinen Zustand des Fahrzeugs vor. Definiere außerdem deine Mindestanforderungen, wenn es nicht möglich sein sollte, dein Traumauto zu bekommen. Akzeptiere auch diese Möglichkeit.

Sei präzise in deiner Vorstellung, aber lass Spielraum für Variationen. Die Wunder, die dein Selbst vollbringen kann, müssen in den Rahmen deines Schicksals passen. Wenn du sehr gern einen blitzenden, neuen dunkelblauen Cadillac fahren möchtest, aber dein Gehalt zu klein ist, kann dir dein Inneres Wesen nicht ohne Weiteres helfen. Es wird sich bemühen, aber vermutlich werden viele Jahre vergehen, bis du deinem Wunsch näher gekommen bist. Dann ist es vielleicht nur ein alter, schäbiger Cadillac, weil dein Einkommen nicht entsprechend gestiegen ist. Wenn du das Maß deiner Möglichkeiten richtig einschätzt, wird sich dein Wunsch in kurzer Zeit durch wenig Mühe erfüllen.

Wunder dieser Art sind keine besondere Vergünstigung des Schicksals. Sie erweitern den Rahmen dessen, was du als vernünftiger Mensch aus der Kraft deines Ich-Bewusstseins erreichen kannst. Das Mögliche wird auf diese Weise für dich erreichbar gemacht werden. Schneller und mit weniger Anstrengungen, als wenn du es ohne Hilfe deines Selbst versucht hättest.

Natürlich ist dein Inneres Wesen nicht in erster Linie daran interessiert, dass dir deine weltlichen, materiellen Wünsche erfüllt werden. Zwar hilft es dir auch dabei, denn es möchte, dass du zufrieden bist und deine Kräfte nicht daran verschwendest, unerfüllten Sehnsüchten nachzuhängen. Wenn es dir bei den alltäglichen Bedürfnissen hilft, so hat es dabei aber vor allem dein inneres, geistig-seelisches Wachstum im Sinn. Deshalb wird es dich noch besser beraten, wenn du dich bewusst um deine Bewusstseinsentwicklung bemühst. Alles, was deinen geistig-seelischen Fortschritt fördert, findet die besondere Aufmerksamkeit deines Inneren Wesens.

Deshalb wird es auch eine stärkere Freude in dein Herz legen, wenn du Kurse besuchst, die dich wachsen und reifen lassen. Es achtet auch darauf, dass du mit Menschen zusammenkommst, die dich in geistiger Hinsicht fördern. Du wirst dich deshalb oft müde, träge und unlustig fühlen, wenn du dich mit Menschen beschäftigst, die deine Entwicklung bremsen oder sogar verhindern. Es wird dich warnen, wenn du im Begriff bist, einem Lügner oder Scharlatan zu vertrauen. Ein guter Kontakt zu deinem Selbst schützt dich davor, falschen Propheten zu folgen oder religiösen Wahnideen zu erliegen.

Unangenehme Stimmungen und Beklommenheit in deinem Herzbereich zeigen dir, dass dich Bücher und Zeitschriften, die du gerade liest, nicht fördern. Nun kommt es nicht so sehr auf den objektiven Wert des Inhalts an – es mag Menschen geben, die gerade jene Bücher mit Gewinn lesen, die dir nur deine Zeit stehlen. Auch wenn sie amüsant oder spannend sind – dein Inneres Wesen wählt nach anderen Kriterien. Es möchte dich darin unterstützen, deine Lebenszeit sinnvoll für dich zu nutzen und nicht zu verschwenden. Deshalb warnt es dich durch Einfluss auf deine Gefühle und Körperreaktionen davor, dich mit hindernden Dingen und Menschen zu umgeben.

Mag sein, dass du gerade besondere Vorliebe für Ablenkungen und Unterhaltungen hast, die dir keinen inneren Nutzen bringen. Wenn du aber im Dialog mit deinem Selbst bist, wird es dich auf Zeitverschwendungen dieser Art aufmerksam machen, damit du dich entschließt, dich aktiv um deine innere Entwicklung zu bemühen. Wahrscheinlich wird es dir Seminarprogramme in die Hände spielen und Menschen über deinen Weg schicken, die dir eine Buchempfehlung geben oder dich auffordern, einen Vortrag zu besuchen. Höre auf diese Hinweise, wenn sich das bekannte heitere Gefühl in deinem Herzen einstellt. Genauso lehne die Vorschläge ab, wenn du Beklommenheit, Ermüdung oder Unmut in dir empfindest.

Doch sei gewarnt: Auch deine Neigung zur Bequemlichkeit und deine Unlust, dich um Entwicklung zu bemühen, machen sich durch Unbehagen bemerkbar. Allerdings spürst du diese Gefühle eher im Bauch- oder Magenbereich. Sie machen dich nervös und drängen dich zur Flucht. Dies ist nicht dein weises Selbst, das dich anspricht. Sondern du empfängst die Signale deiner tierischen Triebnatur, die dich dazu drängt, Lust und Macht zu suchen. Ihr musst du widerstehen lernen, wenn du dich auf dem Inneren Weg bewegst. Sie wird dich irritieren und von dem Weg des Lernens und Reifens abzuhalten versuchen. Sie ist nicht weise, sondern gierig, zornig und widerwillig. Je mehr du dich deinem Inneren Wesen zuwendest, umso stärker wird sie sich um deine Gunst bemühen.

Auch deine Triebnatur kann die Signale senden, die du mit den Impulsen deines Inneren Wesens verwechseln könntest. Deshalb sei achtsam; sie äußert sich drängender und fordernder. Sie erweckt Angstgefühle und treibt dich an. Wenn du dich ihr zu entziehen versuchst, drängt sie dich stärker. Anders dein Inneres Wesen: Es akzeptiert dein Nein!, ohne dich weiter zu bedrängen. Es zeigt sich durch zarte, sanfte Gefühle, die schnell verschwinden, wenn du sie unbeachtet lässt.

Deine Triebnatur ist wie ein ungezähmtes Tier, das unbedingt die Herrschaft über dein Ich-Bewusstsein gewinnen will. Sie will erreichen, dass du das Drehbuch deines Lebens vergisst und stattdessen nach Lust und Laune reagierst. Es ist notwendig, sie kennenzulernen, um die Macht, die sie über dein

Tun und Lassen hat, zu brechen. Dazu dient dir die folgende Meditation.

7. Übung:

Begegne dem Inneren Tier

Du versenkst dich in deinen Inneren Raum. Wenn dein Denken zur Ruhe gekommen ist, gestaltet sich die Vision eines Waldes. Du stehst am Waldrand und betrachtest die Bäume. Achte darauf, ob sie eng oder weit zueinander stehen. Beobachte das Licht, das durch die Blätter fällt.

Ein wildes Tier lebt in diesem Wald in einer Höhle. Du siehst es schattenhaft durch den Wald streifen und du weißt, dass du es besiegen oder überlisten musst, ehe du deinen Weg fortsetzen kannst.

Bleibe ruhig am Waldrand stehen, bis es dir gelungen ist, deutlich zu erkennen, wie das Tier aussieht.

Wiederhole die Meditation einige Tage lang, bis du das Tier genau kennst. Beobachte, was es tut, und finde heraus, welche Eigenschaften und Gewohnheiten es hat.

Das Tier in deiner Bilderwelt entspricht dem Drachen im Märchen, den jeder Prinz töten muss, ehe er die Prinzessin gewinnen kann. Märchen zeigen die innere Wirklichkeit des Menschen. Jeder Mensch – ob Mann oder Frau – hat ein Königreich zu gewinnen, wenn es gelingt, den Drachen zu unterwerfen.

Es kann sein, dass du in deinem Wald eine Schlange findest oder einen Bären, einen Wolf oder ein Wildpferd. Das Bild des Tieres zeigt dir an, welche besonderen Kräfte in deiner Triebnatur wirksam sind. Es kann nützlich sein, in einem Lexikon oder einem Symbol-Deutungsbuch nachzulesen, um dein Inneres Bild zu verstehen. Besser ist es, du sammelst vorher die Merkmale in deinem Tagebuch, wie du es in Übung 1 gelernt hast. Überlege dir, welche Lebensumstände dieses Tier in der Natur braucht und wie es zum Menschen steht. Alle Ideen, die dir dazu einfallen, zeigen dir, wie das Verhältnis zwischen deiner Tiernatur und deinem Ich-Bewusstsein ist.

Mit etwas Phantasie wirst du herausfinden, wie sich deine Triebnatur in deinem Alltag bemerkbar macht. Du solltest lernen, ihre Anwesenheit zu akzeptieren, ohne davor zu kapitulieren. Diese Triebinstanz in deiner Innenwelt ist eine mächtige Kraft, die stets gegen deine bewusste Absicht intrigiert. Sie führt dich in große Schwierigkeiten hinein, wenn du sie gewähren lässt.

Sei also aufmerksam, wenn du dich getrieben, unruhig, nervös, gierig, machthungrig, zornig, neidisch, boshaft, feindselig, empört, kritisch-nörgelnd, besitzergreifend, angstvoll, deprimiert oder sonst wie übel fühlst. Mit ziemlicher Sicherheit ist dann dein Inneres Tier aktiv und versucht, in dein Leben einzugreifen. Bevor du es besiegen kannst, solltest du es gründlich kennenlernen und seine Absichten durchschauen.

Du siehst jetzt, dass du ein aus mehreren Kräften zusammengesetztes Ganzes bist. Im Idealfall wirken alle deine inneren Kräfte harmonisch zusammen. Das ist – meiner Beobachtung nach – bei wenigen Menschen so. Gewöhnlich führen alle inneren Instanzen ein Eigenleben, was zu größeren Lebensproblemen führen kann. Dann werden nämlich deine bewussten Entscheidungen nicht von deinen verborgenen inneren Kräften unterstützt, und du mühst dich ab, ohne dein Ziel zu erreichen.

Wenn du dich aber daran gewöhnst, deine Absichten mit deinem Inneren Wesen abzustimmen, sorgt es unauffällig dafür, dass es allmählich zu einem wirksamen, geordneten Zusammenspiel deiner Kräfte kommt. Das geschieht, ohne dass du merkst, auf welche Weise. Du kannst es nicht bewusst lenken oder beeinflussen, sondern solltest dich vertrauensvoll seiner weisen Führung anvertrauen. Die Kräfte sollen zusammenwirken – deshalb biete ich dir Meditationen an, die deine bewussten und verborgenen Kräfte miteinander verbinden. Allmählich wird sich dadurch deine Intuition entwickeln, und du lernst zu finden, ohne zu suchen.

Die intuitive Intelligenz ist eine Funktion deines Selbst-Bewusstseins, das die Einzelelemente deines Lebens sammelt und zu einer harmonischen Ganzheit zusammenfügt. Dein Inneres Wesen ist in der Lage, deine Vergangenheit und Gegenwart als Einheit zu überschauen und daraus abzuleiten, wie deine Zukunft sein wird. Das ganzheitliche, intuitive Denken ist eine schöpferische Intelligenz, die dem analytischen Detailwissen in bestimmter Hinsicht weit überlegen ist.

Auch Wissenschaftler haben diese Denkfunktion entdeckt und festgestellt, dass sie an die rechte Gehirnhemisphäre gebunden ist. In der linken Gehirnhemisphäre finden die abstrakt-logischen Denkprozesse statt. Mit dieser analytischen Denkfunktion werden nur bereits bekannte Informationen verarbeitet und zu neuen Denkstrukturen verbunden. Das intuitive Denken führt dagegen durch einen synthetischen, analogen Denkprozess zu neuartigen Lösungen für alle Fragen und Probleme. Mit dieser Denkfunktion ist ein geistiger Sprung in eine andere Erkenntnisdimension möglich, die mit dem abstrakt-logischen Denken nicht erreichbar ist. Meditation verbindet beide Denkfunktionen miteinander und schafft neuronale und energetische Verbindungen zwischen beiden Gehirnhemisphären.

Du erkennst jetzt vielleicht, dass die Übungen, die ich dir vorschlage, viel weitergehende Konsequenzen für dich haben werden, als du geahnt hast. Der Weg zum Inneren Wissen bereitet dich auf einen Sprung in eine neue Dimension der Erkenntnis vor und erweckt neue Lern- und Lebensqualitäten in dir, Meditation wird nicht nur dein Bewusstsein verändern, sondern auch physische Veränderungen einleiten. Das verlangt viel Geduld von dir, denn dein Körper reagiert langsamer auf die Übungen als dein Bewusstsein. Deshalb kann ich dich nur in kleinen Schritten führen und bitte dich immer wieder, die Übungen zu wiederholen.

Es ist nötig, dich in allen alltäglichen Situationen mit deinem Inneren Wesen zu verbinden. Dafür noch einige Vorschläge:

8. Übung:

Bereite deine Schritte vor

– Bevor du zum Arzt gehst, stell dir das Behandlungs-zimmer und die Gestalt des Arztes innerlich vor. Frage dein Inneres Wesen, ob der Ort und die Person für dich hilfreich sind. Wenn du ein helles, zustimmendes JA in dir fühlst, visualisiere den Weg zum Arzt und bitte dein Selbst um sichere Führung dahin. Bitte auch um Unter-stützung des Arztes für die richtige Behandlung.

– Wenn du einen Besuch erwartest, bereite dein Inneres Wesen darauf vor und trage ihm vor, was du von dem Besuch erwartest. Prüfe dein Herzgefühl, ob der Besuch gut für dich ist oder ob du für den Besuch gut bist. Warte ab, was dir noch spontan dazu einfällt und beobachte genau, wie sich die Begegnung entwickelt.

– Wenn du verreisen möchtest, bitte dein Inneres Wesen um Unterstützung bei der Wahl des besten Urlaubsortes für dich.
Stelle fest, welche Wünsche und Bedürfnisse der Urlaub erfüllen soll. Dann beachte in den folgenden sieben Ta-gen genau alle äußeren Ereignisse, die im weitesten Sinne mit dem Thema Reisen zu tun haben. Dein spon-tanes Gefühl weist dich auf besonders interessante Orte hin. Etwa durch Schlagzeilen in der Zeitung, durch ein unfreiwillig mitgehörtes Gespräch beim Friseur oder durch eine Passage in einem Roman. Natürlich kannst

du außerdem die Auslagen des Reisebüros ansehen und spüren, bei welchem Bild oder Namen dein Herz besonders fröhlich reagiert.

Denke dir selbst weitere Übungen aus und experimentiere damit in den nächsten drei Monaten, bis du dich darin sicher fühlst. Dein Inneres Wesen wird sehr erfreut sein, mit dir zusammenzuarbeiten. Und ich bin sicher, dass auch dir das Leben auf diese Weise mehr Vergnügen machen wird.

5. Wegweiser

Entdecke die Schatten

Am letzten Wegweiser hast du erfahren, dass deine Innenwelt nicht nur von dir und deinem Selbst bewohnt wird. Du bist dem Tier in dir begegnet und hast gelernt, seine Existenz zu akzeptieren. Wenn du die Angst vor den zerstörerischen Kräften in dir überwunden hast, ist das schon ein großer Sieg. Es ist nicht leicht, sich der Tatsache zu stellen, dass nicht nur das Edle in dir lebt.

Wie jeder Mensch bist du mit gegensätzlichen Kräften ausgestattet. Die lebensbejahenden, schöpferischen Kräfte werden in der Symbolsprache „Kräfte des Lichts" genannt. Licht ist das Symbol für Bewusstheit und Gestaltungskraft. Die Lichtkräfte entströmen dem Bewusstsein des Schöpfers und fließen in die Körper der lebendigen Wesen hinein, um sie zu Wachstum und Reifung anzuregen. Sie sorgen für die Entwicklung der geistig-seelischen Anlagen. Die schöpferischen Kräfte werden von deinem Inneren Wesen gelenkt, damit sie deinen inneren und äußeren Lebenszielen dienen.

Die deiner Entwicklung entgegengesetzten Kräfte werden in der Symbolsprache „Kräfte der Finsternis" genannt. Sie arbeiten dumpf und unbewusst an der Zerstörung von organischen Stoffen in deinem Körper, sorgen für die lebensnotwendige Ausscheidung unverdaulicher Nahrung sowie abgestorbener Körperzellen und reinigen deinen Körper von lebensfeindlichen Eindringlichen. Du brauchst diese Kräfte, um dich von Schlacken und Krankheitserregern zu befreien. Sie geben Energie zum Einsatz physischer Kraft im Lebenskampf und aktivieren den Antrieb zur Selbstverteidigung und Durchsetzung deiner Interessen. Sie erzeugen Angst in dir, wenn du in Gefahr bist, und drängen dich zur Flucht. Sie treiben dich zur Arbeit und Leistung an, um dein Leben zu sichern und dir notwendige oder begehrte Dinge zu verschaffen. Auch auf deine

Fortpflanzungsfähigkeit haben sie Einfluss und erregen deine sexuelle Lust.

Diese gegenpoligen Kräfte sind reine Energie, die sich zu einem Energiekörper formen, der mit deinem materiellen Leib in Verbindung steht. Jeder lebendige Organismus besteht aus dem sichtbaren, materiellen Körper und einem für unsere Augen unsichtbaren Energiekörper. Dieser ist von feinstofflicher Substanz, durchdringt als Energiestrahlung den materiellen Körper und umhüllt ihn. Der Energieleib ist plastisch, nimmt aber meistens die gleichen Körperformen an wie der grobstoffliche Leib. Er wird auch „Aura" genannt.

Der Energiekörper ist der Träger deines Bewusstseins und deiner Lebenskräfte. Vorübergehend ist er an den physischen Leib gebunden und benutzt ihn wie ein Instrument zum Handeln in der Welt. Nach dem Tod wird der äußere Körper wie eine Hülle abgestreift und das Bewusstsein lebt im Energiekörper weiter.

Die Vorgänge in deinem Energiekörper entziehen sich üblicherweise der Wahrnehmung deines Ich-Bewusstseins. Es gibt besonders geschulte Menschen, die die Aura anderer Wesen mit ihren sensitiven Sinnen wahrnehmen können. Man hat festgestellt, dass es besondere Zentren gibt, in denen sich die Energie sammelt und von dort aus Drüsen und Organe des physischen Körpers steuert. Diese Zentren werden Chakras genannt (siehe Abbildung auf Seite 65).

Bei einem unbewusst lebenden Menschen sind die unterhalb der Gürtellinie liegenden Chakras aktiver als die darüberliegenden. In den unteren Zentren dominieren die zerstörerischen Kräfte. Bei Menschen, deren Bewusstsein geschult wird, werden die höher liegenden Chakras stärker aktiviert. Dort dominieren die schöpferischen Lichtkräfte, und wenn sie kräftig und strahlend werden, übernehmen sie schließlich die Lenkung über alle Energiezentren.

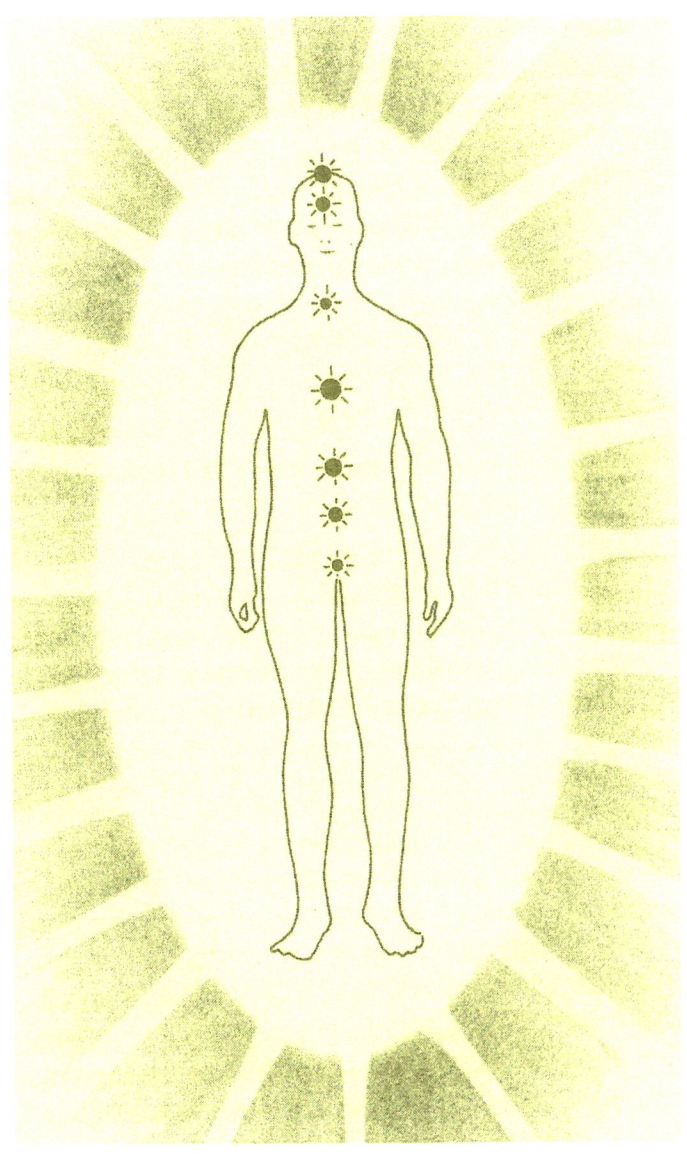

Solange die Kräfte der Finsternis den schöpferischen Lichtkräften untergeordnet bleiben und ihren nützlichen Beitrag zu deinem Leben ohne besonderen Widerstand leisten, sind diese Antriebsenergien deiner Tiernatur wertvoll und stören nicht das gesunde Gleichgewicht der Kräfte. Zwar sind sie „finster", d.h. ohne Bewusstsein von ihrer Tätigkeit und Aufgabe, aber sie haben grundsätzlich keine „böse" Natur. Bösartig werden sie erst, wenn sie sich verselbständigen und aus der natürlichen Ordnung ausbrechen. Bei vielen Menschen, die sich der Lichtnatur nicht bewusst sind, stören sie den inneren und äußeren Fortschritt und richten ihre Aktivität gegen die innere Ordnung. Dadurch erzeugen sie Krankheit und Leid.

Wegen ihrer dumpfen, unbewussten und unintelligenten Antriebskraft sind die Kräfte der Finsternis ungeeignet, die Lenkung über Körper, Seele und Geist zu übernehmen. Dennoch kommt es häufig zu einer Entgleisung dieser Energien, so dass sie die Kontrolle über den ganzen Menschen übernehmen. Das geschieht immer dann, wenn sich das Ich-Bewusstsein diesen Energien zu intensiv zuwendet und alle Aktivitäten den vitalen Triebbedürfnissen unterordnet.

Beispiel: Ein Junge ist unzufrieden und nörgelig. Er will sich von Erwachsenen nichts sagen lassen und rebelliert gegen alle Anordnungen und Vorschläge seiner Eltern. In der Schule macht er nur unwillig mit und reagiert frech, wenn man etwas von ihm fordert. Kleinere Kinder ärgert er so lange, bis sie tun, was er will. Später randaliert er mit einer Jugendbande, die Häuserwände bemalt, Verkehrsschilder demoliert und Veranstaltungen stört. Als Erwachsener ist er unbeherrscht gegen seine Kinder und duldet keinen Widerspruch seiner Frau gegen seine Wünsche. Als Kollege ist er unberechenbar und launisch, und wenn es ihm gelingt, Vorgesetzter zu werden, reagiert er despotisch auf seine Mitarbeiter. Er unterdrückt sowohl seine sensiblen Gefühle wie Einfühlungsvermögen, Mitleid, Trauer und Liebe als auch jede Regung seines Selbst, das ihn auf Menschlichkeit und Freundlichkeit ausrichten will.

In einem solchen Fall gerät das Ich-Bewusstsein unter die Herrschaft der Tiernatur. Der natürliche Instinkt zur Selbständigkeit entartet zu einem dominanten Herrschaftsanspruch über andere Menschen. Dabei geraten auch die Lichtkräfte in einen negativen Sog hinein. Alle schöpferischen Energien werden in die tieferen Energiezentren umgelenkt und stehen nun nicht mehr dem Aufbau der inneren und äußeren Persönlichkeit zur Verfügung, sondern werden in den gegen die Umwelt gerichteten Aktionen verbraucht. Es entsteht ein Kreislauf eines sich ständig erhöhenden Energieverbrauchs, ohne dass das menschliche Bewusstsein dabei wachsen und geistig-seelisch reifen kann.

Denke in diesem Sinne noch einmal über das Tier nach, das dir in deiner Meditation begegnet ist. War es stärker als du? Die Begegnung war eine Kraftprobe. In den folgenden Meditationen sollst du lernen, das Tier zu unterwerfen. Sonst läufst du Gefahr, irgendwann von den dunklen, dumpfen Kräften deiner Tiernatur beherrscht und schließlich zerstört zu werden.

Erinnere dich, dass dein Inneres Wesen auf der Seite der Lichtkräfte steht. Wenn du mit ihm Kontakt hältst, kann deine Tiernatur niemals endgültig triumphieren. Zwar mag es Kämpfe geben, in denen du unterliegst – aber du kannst jederzeit dein Selbst und die Lichtkräfte des Kosmos um Hilfe und Unterstützung bitten. Eine einmalige Bitte wird nicht genügen, denn das Innere Tier gibt nicht so schnell auf, wenn du es in der Vergangenheit nicht bereits gezähmt hast. Stelle dich mit der ganzen Kraft deines Denkens und Fühlens bewusst auf die Seite der Lichtkräfte und verbinde dich mit ihnen.

Schau dir zunächst an, welche deiner Eigenschaften und Gewohnheiten zu entgleisen drohten oder bereits entgleist sind.

9. Übung:

Erkenne deine Schatten

Ich empfehle dir, dich jeweils eine Woche mit einem der vorgeschlagenen Themen gründlich zu beschäftigen. Schreibe deine Selbstbeobachtungen sorgfältig auf, ohne dir etwas vorzumachen:

1. Macht

Stelle fest, ob du dich anderen Menschen gegenüber eher überlegen oder unterlegen fühlst. Beobachte deine Reaktionen, wenn dir jemand Vorschläge macht oder dir sagt, was du tun sollst. Wie reagierst du, wenn du dich stark fühlst? Was tust du, wenn du dich ohnmächtig fühlst? Welchen Einfluss haben die Erlebnisse von Macht und Ohnmacht auf dein Selbstbewusstsein? Wie reagieren deine Mitmenschen auf deine Stärke oder deine Hilflosigkeit?

2. Angst

Beobachte dich in Situationen, die dir Angst machen. Worauf reagierst du ängstlich? Was geschieht dabei körperlich? Welche weiteren inneren und äußeren Reaktionen kannst du beobachten? Was tust du automatisch gegen die Angst? Was merken andere Menschen davon, und wie behandeln sie dich dann? Welchen Einfluss übt deine Angst auf andere Menschen aus? Entdecke den Zusammenhang zwischen Angst und Macht.

3. Ärger

Beobachte, wann du unzufrieden bist. Was ärgert dich an dir selbst? In welchen Situationen reagierst du gereizt? Welche Menschen gehen dir auf die Nerven, und welche Handlungen bzw. welche Eigenschaften stören dich an ihnen? Wann und auf welche Weise wehrst du dich gegen derartige Störungen? Schluckst du ärgerliche Bemerkungen herunter oder nörgelst du häufig und offen? Was geschieht in deinem Inneren, wenn du vermeidest, deinen Ärger zu zeigen? Was geschieht bei anderen Menschen, wenn du sie kritisierst? Was hat Ärger mit Macht und Angst zu tun?

4. Hass

Stelle fest, ob es Menschen gibt, denen du etwas nicht verzeihen kannst. Hat dich jemand so verletzt, dass du ihm Böses wünschst. Möchtest du dich rächen? Was hat er dir angetan? Ist das Ausmaß deines Zorns berechtigt, oder hast du dich so intensiv hineingesteigert, dass du jetzt nicht mehr anders kannst, als ihn zu hassen? Überlege, ob und auf welche Weise du ihm ermöglicht hast, dich zu verletzen. Hast du etwas getan oder unterlassen, wodurch es zu der schmerzhaften Situation gekommen ist? Welche Eigenschaft in dir macht es dir unmöglich, zu verzeihen? Was hat Hass mit Macht, Angst und Ärger zu tun?

5. Begierde

Beobachte deine Einstellung zu Nahrung, Sex, Dingen und Menschen. Wonach hast du ein intensives Verlangen? Was möchtest du besitzen und kontrollieren? Was unternimmst du, um an begehrte Dinge wie Geld, Einfluss, Ansehen, Informationen, Sex zu kommen? Erlebe bewusst deine Gefühle im Umgang mit Geld oder Besitz. Stelle fest, was es dir bedeutet, vor anderen Menschen wichtig zu erscheinen. Wie fühlst du dich, wenn du weniger weißt als andere, mit denen du zusammen bist?

Wie gehst du vor, wenn du einen Menschen für dich gewinnen willst? Versteckst du deine wahren Absichten oder zeigst du offen, wie dir zumute ist? Benutzt du andere Menschen für deine Zwecke? Veranlasst du sie, dir deine Begierden zu erfüllen, anstatt dich selbst darum zu kümmern? Spinnst du Intrigen, oder horchst du andere aus, um deine Neugier zu befriedigen?

Beobachte dich in verschiedenen Alltagssituationen und prüfe, ob du mehr nimmst als du gibst. Was verlangst du von den anderen – was bietest du dafür an? Was hat Begierde mit Macht, Angst, Ärger und Hass zu tun?

Wenn du gründlich vorgegangen bist, kennst du jetzt die meisten Fallstricke, in denen du dich verfangen kannst. Wenn du auf Macht, Angst, Ärger, Hass oder Begierde ausgerichtet bist, hat dich das wilde Tier in deinem Inneren bereits unter Kontrolle. Das bedeutet, dass deine täglichen Handlungen entweder von Machtvorstellungen, Angst, Ärger, Hassgefühlen oder Besitzwünschen bestimmt werden. Dein Ich-Bewusstsein unternimmt alles, um diese inneren Triebregungen zu erfüllen. Die Finsternis hat ihre Schatten über dich geworfen und hält dich in einem Bann dumpfer Gefühle fest.

Wenn du herausgefunden hast, dass es so weit mit dir gekommen ist, brauchst du dich nicht zu schämen. Um dich herum leben Millionen Menschen, denen es ähnlich geht. Jeder fällt der einen oder anderen Triebtendenz zum Opfer – viele lassen sich sogar ganz von ihrer Tiernatur bestimmen. Die niederen Kräfte haben Herrschaft über das bewusste Ich des Massenmenschen gewonnen. Von diesen Menschen sagt man auch, dass sie ihrem Ego dienen, also von rein egoistischen Motiven bestimmt werden. Unmut, Unzufriedenheit, Kritiksucht, Feindseligkeit und Krieg erwachsen aus dem ungebändigten Drang vieler Menschen, nur im Sinne eigener Vorteile zu denken und zu handeln.

Die Menschheit als Ganzes steht gerade erst an der Schwelle zu wahrer Menschlichkeit. Aber es hat immer einzelne gegeben, die ihre Schatten erkannt und überwunden haben. Viele religiöse Menschen und besonders Mystiker haben sich darum bemüht, den Menschen Wege aus der Finsternis der Tiernatur zu weisen. Leider sind sie oftmals nicht verstanden worden, und auch heute findet ihre Stimme in der Öffentlichkeit keine Beachtung. Deshalb wirst du nur gelegentlich einen Menschen treffen, der sein Ego kennt und zu überwinden versucht. Noch seltener findest du Menschen, deren Ich-Bewusstsein über ihre Tiernatur herrscht und die ihre Triebkräfte zur Verwirklichung menschlicher Ziele einsetzen. Ich hoffe, du wirst bald zu diesen wenigen gehören und durch deine eigenen Bemühungen um Selbsterkenntnis zur Erweckung der schlafenden Menschheit beitragen.

Du lebst am Ende des 20./zum Beginn des 21. Jahrhunderts und wirst die Schwelle zu einer neuen Epoche in der Menschheitsgeschichte bald überschreiten. Heute gibt es weltweit Stimmen und Organisationen, die den Frieden unter den Menschen fordern und schaffen wollen. Der äußere Friede kann aber nur dann erreicht werden, wenn die Masse der Menschen in ihrer Innenwelt friedlich geworden ist. Das bedeutet, dass viele Menschen aufgerufen sind, ihr Inneres Tier zu erkennen und sich von seiner Herrschaft zu befreien. Äußere Freiheit ist ohne innere Befreiung nicht möglich.

Erst wenn allgemein das Verständnis gewonnen ist, dass unsere äußere Welt eine Widerspiegelung unserer Innenwelten ist, werden die Menschen die Kraft und Fähigkeit erlangen, harmonisch miteinander in dieser Welt zu leben und eine friedliche Kultur zu schaffen. Du bist ein wichtiges Glied in der Kette der erwachenden Menschheit. Wenn du dein Inneres Tier verstehst und die Schatten auflöst, die es über dich geworfen hat, kannst du zu wirklicher Menschlichkeit gelangen. Dann wirst du erkennen, wann und wie die Herrschaft der Triebnatur in anderen Menschen wirkt. Du wirst es spüren, wenn ein Mensch sich dir aus menschlichen Motiven heraus zuwendet und wenn tierische Motive sein Handeln bestimmen. Alles, was dir in dir selbst bewusst geworden ist, kannst du bei anderen und in der ganzen Menschheit wahrnehmen. Dadurch erweitert sich dein Handlungsspielraum, und du wirst frei für neue Entscheidungen und Entwicklungen.

Jeder Schritt, den du auf diesem Wege fortschreitest, bereitet anderen Menschen den Weg zum Licht. Licht ist die Kraft des erwachenden Bewusstseins, das aus der Dumpfheit der Finsternis zerstörerischer Kräfte aufsteigt. Je mehr du über deine inneren Qualitäten weißt, umso heller und bewusster wird dein Ich. Gleichzeitig verfeinert sich die Struktur deines Energiekörpers, und er nimmt leichter die schöpferischen Kräfte auf. Jeder Fortschritt, den du selbst erringst, bringt dir zusätzliche Unterstützung durch Lichtenergien, die dir aus allen Richtungen aus dem Kosmos zufließen.

Je weiter du dein Inneres klärst und verstehst, umso stärker wird deine Anziehungskraft für die Lichtkräfte. Menschen und Tiere werden spüren, dass du „positiv gepolt" bist, d.h., dass die schöpferischen Kräfte in dir stärker wirken als die zerstörerischen Energien. Andere fühlen sich in deiner Gegenwart wohl und richten ihre eigenen positiven Energien auf dich, so dass du durch sie eine Förderung deiner Entwicklung empfangen wirst. Insgesamt klärt sich dein ganzes energetisches Umfeld, und fast unmerklich werden sich auch die Ereignisse in deinem Leben entsprechend ändern.

Eine Änderung deiner persönlichen Situation hat deutliche Folgen bei den Menschen, mit denen du lebst und arbeitest. Ohne dass sie davon wissen müssen, dass du den Inneren Weg gehst, werden sie Impulse von dir empfangen und selbst das Bedürfnis fühlen, sich zu verändern. Wie bei einem Schneeballsystem geschieht das selbständig, und auf diese Weise kann die gesamte Menschheit allmählich auf ein bewussteres Lebens- und Handlungsniveau gehoben werden.

Der Prozess deiner persönlichen Veränderung und der deiner Umgebung wird jedoch nicht völlig gradlinig verlaufen. Jede Entwicklung verläuft in Rhythmen aufgrund der wechselnden Wirkung der gegenpoligen schöpferischen und zerstörerischen

Kraft. In jeder Lebensphase wirken immer beide Kräfte mit, jedoch überwiegen zeitweilig die dunklen Kräfte und danach wieder die Lichtkräfte. Wenn du aufmerksam und wach in die Welt schaust, wirst du das Wirken dieser Kräfte deutlich wahrnehmen können. Sie zeigen sich in allen Lebensbereichen.

Während der Zunahme des Sonnenlichts im Frühling siehst du die Pflanzen wachsen und blühen. Nachdem die Natur ihren höchsten Stand erreicht hat, ziehen sich die Wachstumskräfte langsam zurück. Gleichzeitig werden die Tage kürzer, und im Herbst übernehmen die finsteren, zerstörerischen Kräfte die Lenkung über das Leben. Jedes Lebewesen spürt den Zuwachs an Lebenskraft im Frühling und Sommer und verliert Energie im Herbst und Winter.

In jedem Menschenleben gibt es Phasen des Aufbaus und der Zerstörung. Wenn der natürliche Rhythmus erhalten bleibt, gibt es damit kein Problem. Dein Organismus erneuert sich mit dem Rhythmus der Jahreszeiten, wenn du dich darauf einstellst. Aber wenn du lebst, als ob dich die Jahreszeiten nichts angehen, und du in der Winterzeit nicht genügend Ruhe hältst, gewinnen die Kräfte der Finsternis mehr Macht über deinen Körper, als gut für dich ist. Ebenso ist es, wenn du dich dem Tag- und Nachtrhythmus nicht anpasst. Nach Sonnenaufgang fließen besonders starke Lebenskräfte in die Natur, die nach dem Höchststand der Sonne wieder geringer fließen und mit der Dämmerung ganz nachlassen.

Auch geistig-seelisch wirst du Phasen des Wachsens, Reifens und des Stillstands erleben. Der Gedanke ununterbrochenen Fortschritts ist eine Fiktion des heutigen Denkens. Wir haben uns in den Kopf gesetzt, auf allen sozialen und wirtschaftlichen Ebenen nur Fortschritt zu sehen. Ebenso wie dort ist es in unseren persönlichen Beziehungen unmöglich, immer nur zu wachsen. Wenn du jemanden kennenlernst und zum Freund gewinnst, wird die Nähe und Vertrautheit zunächst wachsen. Auch die Freude aneinander und die Zuneigung nehmen zu, wenn du dir die Zeit dazu nimmst und Bekanntschaft pflegst.

Nach einer Weile tritt ein Stillstand ein; man hat sich weniger zu sagen, möchte sich häufiger zurückziehen und überdenkt den Wert der Beziehung. Wenn du dies so geschehen lässt, ohne dich zu ängstigen, wird die Freundschaft langsam absterben. Nach einigen Wochen, Monaten und Jahren kann eine neue Phase der Freundschaft beginnen. Wenn du dich jedoch gegen die Auflösung stemmst und unter Kummer um den Fortbestand der vertrauten Gemeinsamkeit kämpfst, stellst du dich gegen den natürlichen Verlauf der Dinge. Mag sein, dass du mit deinem Freund zusammenbleibst, aber die Beziehung wird unfruchtbar, langweilig und quälend sein.

10. Übung:

Besinne dich auf deinen Rhythmus

Überdenke deinen Alltag und mache dir klar, ob du mit den Rhythmen des Lebens gehst oder dich gegen sie stellst. Schreibe dir auf, wann und durch welche Handlungen du bisher das natürliche Wirken der polaren Kräfte in deinem Leben unterbrochen hast.

Beobachte dich im Verlauf des Tages und finde heraus, wann du dich aktiv und wann passiv fühlst. Versuche, dich an dein natürliches Lebensgefühl anzupassen und deine Handlungen – wenn möglich – darauf einzustellen.

Iss, wenn du Hunger im Magen verspürst.
Trinke, wenn du durstig bist.
Höre sofort auf mit Essen und Trinken, wenn das Mangelgefühl verschwunden ist.
Stehe sogleich auf, wenn du erwacht bist.
Lege dich zur Ruhe, wenn du dich müde fühlst.
Achte auf das Wetter und stelle deine Aktivitäten darauf ein.
Organisiere deinen Tag so, dass du die wichtigen Dinge am Vormittag erledigen kannst.

Spare deine Kräfte, indem du unnötige Aktionen unterlässt. Deine Nase zeigt dir, wann dein Körper aktiv eingestellt ist: Dann fließt der Atem stärker durch dein rechtes Nasenloch. Beobachte dieses Phänomen! Wenn du spürst, dass der Atem stärker durch das linke Nasenloch strömt, ist es Zeit, auszuruhen oder nur einer sehr ruhigen Beschäftigung nachzugehen.

Auf dem Weg zum Inneren Wissen lernst du, die natürlichen Kräfte der Natur zu beachten und deiner eigenen Wesensart Lebensraum und Zeit zu lassen. Beachte, wann dein Körper Nahrung und Ruhe braucht. Setze dich nicht längere Zeit über die natürlichen Bedürfnisse deines Organismus hinweg. Wärme dich, wenn du frierst! Iss, wenn du Hunger verspürst, trink, wenn dich dürstet! Aber überlaste deinen Körper nicht durch zu viele Reizstoffe und Nahrungsmittel.

Wenn du die Lebens- und Zerstörungsprozesse durch Verweigerung und Gegenaktivitäten störst, erschöpfst du deine Kräfte und verweigerst dem Leben seinen natürlichen Gang. Die Lichtkräfte werden dann ihr aufbauendes Werk nicht mehr ungestört tun können, weil die Kräfte der Finsternis immer stärker nach Zerstörung verlangen. So gerätst du in einen Kreislauf, der dich unglücklich und krank macht.

Dein Inneres Wesen wird dir gern helfen, die Phasen des Aufbaus und Abbaus in dir deutlicher wahrzunehmen. Bitte es, dich darin zu unterstützen! Es wird dich lehren, sanft und harmonisch mit deinem Körper umzugehen. Notiere dir Auffälligkeiten deines Körpers, auf die du besonders achten musst. Spüre auch, welche Nahrung dich stärkt, welche dich müde und träge macht. Wenn du dich auf die natürlichen Kräfte einstellst und mit ihnen bewusst zusammenarbeitest, wirst du dich kraftvoller und leistungsfähiger fühlen. Die Pausen, die du dir gönnst, schenken dir neue Lebenskraft.

Die Schatten der Finsternis lauern in jeder alltäglichen Situation: Alles, was du unbewusst und nachlässig tust, fördert den Zerstörungsprozess des Lebens. Deine Bewusstheit schafft den Kanal, durch den die Lichtkräfte strömen. Sie fließen in alle Dinge und Situationen hinein, auf die deine wache Aufmerksamkeit gerichtet ist. Jeder bewusste Gedanke, jedes bewusste Gefühl wird mit schöpferischer Kraft angereichert und unterstützt das Erreichen deiner Ziele.

Wenn du wach und bewusst auf den natürlichen Gang des Lebens eingehst, wird das Licht deines Bewusstseins alle Lebensprozesse fördern.

6. Wegweiser

Besiege die Schatten

In der ersten Übung hieß es:

> ... Die Finsternis hat ihre Schatten über die träumenden Menschen gelegt ...

Du weißt jetzt, dass sich die meisten Menschen ihrer Tiernatur unterworfen haben und sich nicht durch die bewusste Entscheidung ihres Ich lenken können. Sie leben unter der Herrschaft des Schattens und werden von den dumpfen Regungen ihrer Triebnatur getrieben. Die sozialen Unterschiede in dieser Welt, die Missstände, Kriege und Katastrophen sind im Wesentlichen auf diese Tatsache zurückzuführen. Alle Appelle zur Menschlichkeit bleiben sinnlos, wenn nicht jeder Einzelne sich entschließt, seine Tiernatur zu überwinden und sich mit den schöpferischen Kräften in seinem Inneren und im Kosmos zu verbinden.

Du bist dieser Einzelne, der aufgefordert ist, die Schatten zu besiegen, die deine Tiernatur auf dich geworfen hat! Der Innere Weg, den ich dir weise, führt zu mehr Menschlichkeit und zu einem schöpferischen Bewusstsein. Das heißt, du wirst erfahren, dass du deine natürlichen Triebkräfte beherrschen kannst und durch die Kraft deines Bewusstseins dein Schicksal gestaltest. Einige wichtige Schritte hast du schon getan, und du bist dabei, dich unmerklich zu verändern.

Die Beherrschung deiner Tiernatur beginnt durch einen bewussten Entschluss. Du kannst keine neue Lebensstufe erreichen, ehe du nicht ganz fest dazu entschlossen bist, den dafür notwendigen Schritt bewusst und absichtsvoll zu tun. Dein Wille ist von entscheidender Bedeutung. Niemand kann dich weiterführen, wenn du es nicht selbst willst. Auch ich bin machtlos, wenn du nicht aus eigener Kraft und festem Entschluss sagst:

Ich will meine Triebnatur beherrschen!

Sobald du diesen Entschluss sowohl in deinem Kopf als auch mit der ganzen Kraft deines Herzens gefasst hast, ist er gültig. Nichts und niemand kann nun verhindern, dass du diesen Entschluss verwirklichst. Deine Tiernatur ist in der geistigen Wirklichkeit bereits besiegt, in der konkreten Wirklichkeit deines Alltags wirst du diesen Sieg jedoch noch nachvollziehen müssen. Es wird etwas Zeit und Geduld brauchen, aber du wirst es schaffen!

Ich habe dir bereits gesagt, dass deine Gedanken und Gefühle schöpferische Kräfte sind, die deine zukünftige Wirklichkeit gestalten. Alles, was du heute denkst und mit intensiven Gefühlen nährst, wird morgen konkrete Wirklichkeit sein. Dein fester Entschluss ist die Grundidee für deine neue Wirklichkeit; dein intensives Gefühl ist die gestaltende Formkraft, die sich nach Monaten oder Jahren in deinem Leben realisiert. Wenn deine Idee keine starken Gefühle in dir wachruft, hast du zu wenig Formkraft für die Verwirklichung. Gedankenkräfte sind ablenkbar, sofern sie nicht an dein Herz gebunden sind.

Erst wenn aus der Idee ein Herzensanliegen von dir geworden ist, richten sich deine Gefühlskräfte auf das Ziel aus, das du gewählt hast, und die Stärke deiner Gefühle bringt dich bald an dein Ziel. Bildlich gesprochen ist die Idee der Pfeil, und das Gefühl ist der Bogen, mit dessen Kraft du den Pfeil auf das Ziel abschießt.

11. Übung:

Ziel-Meditation

Setze dich in deine vertraute Meditationshaltung und vertiefe dich in dein Inneres.

Du stehst wieder am Rand des Waldes, in dem dein Tier wohnt. Mache dir bewusst, dass das Tier stark und gefährlich sein kann. Du musst dir deiner eigenen Kräfte bewusst werden, ehe du ihm gegenübertreten kannst. Ergreife in der Bildvision Pfeil und Bogen. Mache dich mit beiden Instrumenten vertraut. Lerne zunächst, Pfeil und Bogen schnell und sicher zu gebrauchen. Übe das Zielen auf einen entfernten Baumstamm.

Du solltest diese Meditation so oft wiederholen, bis du dich im Umgang mit Pfeil und Bogen geübt fühlst. Stelle fest, was dir mehr Schwierigkeiten bereitet: das Ziel anzupeilen oder die Kraft richtig einzusetzen. Es kann sein, dass du das Ziel verfehlst, weil du den Gedanken – deine Idee – nicht klar genug im Bewusstsein halten kannst. Wenn du über das Ziel hinausschießt, setzt du zu viel Gefühlsintensität für dein Ziel ein. Wenn der Pfeil aber weit vor dem Ziel auf den Boden fällt, bringst du zu wenig Kraft auf.

Übertrage diese Einsicht auf deinen Alltag! Du kannst daran erkennen, ob du zu viel oder zu wenig Gefühle im Leben investierst. Entsprechend werden deine Absichten besser oder schlechter gelingen.

Wenn du feststellst, dass du gar nicht mit Pfeil und Bogen umgehen kannst, vermute ich, dass du dich weigerst, zu kämpfen und für deine Ziele einzutreten. Dann allerdings bist du ein williges Opfer für das Tier, und dein Entschluss wird keine Wirkung haben. Im Alltag wird dir oft misslingen, was du dir vorgenommen hast. Es erscheint dir wahrscheinlich so, als ob immer die anderen Menschen die besseren Karten haben. Dir werden häufig Missgeschicke passieren, oder du versuchst gar nicht erst, etwas zu erreichen. In diesem Fall empfehle ich dir, einen Kursus in einer Kampfsportart zu besuchen, ehe du in diesem Buch weiterliest. Karate, Ju-Jutsu oder Tai-Chi kommen in Frage. Wenn du dich dafür nicht begeistern kannst, spiele wenigstens Tennis und versuche, zu gewinnen. Es kommt weniger darauf an, einen anderen zu besiegen, als darauf: für dich zu kämpfen!

In der Inneren Welt ist es nötig, einen energetischen Kampf gegen die Schatten zu führen. Wenn du schwach bist und dich nicht verteidigst, machen sie dich zum Sklaven. Der Kampf gegen die Tiernatur stärkt dein Ich-Bewusstsein, und erst dadurch wirst du wirklich Mensch. Die Kämpfe, die du in der äußeren Welt bestehst, stärken ebenfalls dein Ich-Bewusstsein, und dadurch wirst du vom Kind zum Erwachsenen. Es geht darum, einen Sieg zu erringen – das heißt jedoch nicht, den Gegner zu vernichten. Beachte den Unterschied! Deine Tiernatur ist ein wichtiges Element deiner Inneren Welt und muss am Leben bleiben. Aber sie darf dich nicht daran hindern, dich zu entwickeln. Deshalb sollst du den Kampf führen und gewinnen. Genau so solltest du dich im äußeren Leben einstellen. Kämpfe, um deine Kräfte freizusetzen und zu erproben, dann wirst du wachsen und reifen. Jedoch beachte das Selbstbestimmungsrecht jedes anderen Menschen. Suche nicht den Sieg, um zu triumphieren und andere zu deinen Sklaven oder Feinden zu machen.

Um in der Inneren Welt siegreich zu werden, brauchst du noch andere Hilfsmittel als Pfeil und Bogen. Ohne eine gute Körperbeherrschung wirst du deine Instrumente nicht nutzbringend einsetzen können. Der Sieg über das Innere Tier beginnt damit, deinen Körper unter deine Kontrolle zu bringen. Wir haben schon damit begonnen, als ich dir Übungen empfahl, um dich von deinen fesselnden Gewohnheiten zu lösen. Aber jetzt geht es um mehr: Du sollst zunächst Reaktionsweisen deines Körpers gründlich kennenlernen, um ihn schließlich unter deine bewusste Lenkung zu stellen. Dafür gebe ich dir einige Übungen für deinen Alltag.

12. Übung:

Körperbewusstsein

Stehen und Gehen sind selbstverständliche Funktionen deines Körpers. Sie vollziehen sich automatisch und stehen unter der Kontrolle deiner Triebnatur. Deshalb haben sich vermutlich Haltungen eingeschlichen, die sich negativ auf deine Stimmungslage und deine Gesundheit auswirken. Wenn du den Kopf hängen lässt, wird deine Stimmung düster. Eine aufrechte Körperhaltung dagegen unterstützt eine aufrichtige und heitere Bewusstseinshaltung.

Hast du dir schon einmal deutlich bewusst gemacht, wie du stehst und gehst? Tue es bitte jetzt!

1. Das Stehen

A) Du stellst dich barfuss ganz normal hin. Nimm die Haltung ein, die dir ohne Mühe möglich ist. Dann fühle langsam zuerst deine Fußsohlen und die Berührung mit dem Boden. Empfinde das Gewicht des Körpers, den die Füße tragen müssen. Dann mache dir den ganzen Fuß bewusst, den Fußknöchel, den Unterschenkel usw. aufwärts durch den ganzen Körper bis zur Schädeldecke. Lass dir viel Zeit, dich stehen zu fühlen, und registriere jede Auffälligkeit, ohne etwas zu ändern.

B) Wiederhole die Übung mit geschlossenen Augen. Spüre dabei, zu welcher Seite der Körper schwankt. Gib dem Schwanken leicht nach und pendele dich dann wieder bewusst auf die Mitte ein. Spüre auch die Unsicherheit, die damit verbunden ist, dass du nicht siehst, was um dich ist. Halte die Augen trotzdem geschlossen.

C) Wiederhole die Übung jetzt in verbesserter Haltung mit geschlossenen Augen. Versuche gerade und locker zu stehen. Lasse die Schultern und die Arme schwer und locker hängen. Achte auf eine gerade Kopfhaltung; dabei soll der Scheitelpunkt mit der Wirbelsäule eine gerade Linie bilden. Atme ruhig und gleichmäßig. Suche den inneren Mittelpunkt deines Körpers und konzentriere deine Aufmerksamkeit dort.

Wenn du bei Übung 1 B) eher nach links schwankst, hast du ein psychisches Übergewicht auf der Gefühlsseite, geht dein Körper nach rechts, bist du eher ein Gedankenmensch. Das Kippen nach vorn zeigt dir, dass du zukunftsorientiert bist. Wenn du jedoch nach hinten gezogen wirst, hält dich vermutlich etwas Vergangenes fest. Nutze diese Hinweise für deine Selbsterkenntnis und schreibe dir auf, was dir über dich dazu einfällt.

Über deine Standfestigkeit! Du solltest bei geschlossenen Augen mindestens 2 Minuten gerade und ohne zu schwanken stehen können. Übung 1 C) hilft dir, dich allmählich auszubalancieren, wenn du sie regelmäßig ausführst. Dein Körper wird lernen, sich deinem bewussten Entschluss: Gerade stehen! zu fügen.

Denke bitte nicht, diese Übung sei eine unsinnige Zeitverschwendung!

Alles, was du in der äußeren Wirklichkeit erreichst, ist ein symbolisches Signal für deine innere Wirklichkeit. Innen- und Außenwelt sind eng miteinander verbunden und wirken aufeinander ein. Dein Denken und Fühlen sind Handlungen in der Innenwelt; sie bestimmen deine Reaktionen in der Außenwelt. Ebenso wirkt jede Handlung in der Außenwelt auf dein Fühlen und Denken zurück. Wenn deine Handlung außen erfolgreich ist, freust du dich innen, und es geht eine Meldung an dein Selbst: Ziel erreicht – Aktivität einstellen!

Wenn es dir gelingt, deinen Körper im Stehen mit geschlossenen Augen balanciert zu halten, geht die Information nach innen: Standfestigkeit erreicht!

Das heißt jedoch mehr als nur die körperliche Standhaftigkeit. Denn alles, was dein Körper ausdrückt, kann er nur im Zusammenspiel mit deinem Ich-Bewusstsein leisten. Also hast du Standfestigkeit in deinem Bewusstsein bewiesen. Das ist eine psychische Qualität und bedeutet, dass du deine Entscheidungen aufrechterhalten kannst und nicht schwankend wirst in deinen Meinungen und deiner Haltung zu dir selbst.

An dieser Stelle wird dir vielleicht bewusst, dass du mit kleinen Übungen mehr erreichen kannst als eine simple körperliche Fähigkeit. Dein Bewusstsein wird gleichzeitig trainiert, wenn du Aufmerksamkeits- und Wahrnehmungsübungen mit deinem Körper ausführst. Dies ist ein anderer Prozess als übliches Sporttraining. Die Langsamkeit der Ausführung soll dazu führen, dass dein Bewusstsein sich mit den Körperreaktionen vollkommen vertraut macht. Du lenkst sozusagen deine Bewusstseinsenergie in die einzelnen Körperteile, wo sie sich mit den Zellen und Organen verbindet.

Stell dir deine Bewusstseinskraft wie einen Lichtstrom vor, der durch dein Herz in alle Teile deines Körpers fließt und dadurch Lebenskraft in sie hineinbringt. Es entstehen unsichtbare kanalartige Verbindungen zwischen deinem Ich-Bewusstsein und den Körperteilen. Durch regelmäßige Übung verstärkst du diese Bewusstseinskanäle und sie werden zu einer ständigen Struktur in deinem Energiekörper und deinem physischen Körper. So gerät der Körper mit seinen Organen und Zellen allmählich unter die Kontrolle deines Ich-Bewusstseins.

Nach dieser Erklärung hast du sicher mehr Freude an den weiteren Übungen:

2. Das Gehen

A) Mache einen Spaziergang und fühle dich beim Gehen, ohne deinen Körper besonders zu beeinflussen. Spüre den Druck der Füße auf dem Boden. Stelle fest, wie du die Füße setzt und wohin du das Gewicht des Körpers legst. Achte auf die Haltung der Arme und auf ihre Bewegungen. Spüre, wie der Kopf auf den Schultern sitzt.

Beachte dann, aus welchem Körperteil die Kraft kommt, die du zum Gehen brauchst. Stelle fest, woher der Antrieb zu gehen kommt. Entscheidest du im Kopf? Wo spürst du das drängende Gefühl: Geh! Wiederhole diese Übung an mehreren Tagen, bis dir dein Gang vertraut ist.

B) Übe nun das Bewusste Gehen bei dir zu Hause. Es wäre gut, wenn du dazu in den Garten gehen kannst. Aber sorge dafür, dass du ungestört bist. Im Sommer gehe barfuß und spüre jede Unebenheit im Boden.

Beginne mit dem Bewussten Stehen nach der Übung. 1 C). Nach einigen Minuten setzt du dich langsam in Bewegung, indem du achtsam den einen Fuß vom Boden löst. Spüre den kurzen Moment, den du auf einem Bein stehst! Und setze den Fuß langsam wieder auf den Boden. Beobachte das Abrollen der Füße über die Sohlen.

Spüre genau die Gewichtsverlagerung und die natürliche Neigung des Körpers als Reaktion auf die Fußbewegung. Auch Arme und Kopf sind in deiner Aufmerksamkeit.

Mache einige sorgfältige Schritte im Zeitlupentempo und erhöhe dann allmählich deine Geschwindigkeit, bis du dich langsam, aber stetig und fließend bewegst.

Wiederhole die Übung, bis du mit dem Bewussten Gehen völlig vertraut bist. Dein Körper soll sich an einen natürlichen aufrechten und lockeren Gang gewöhnen, mit dem du dich ohne Eile geschmeidig bewegen kannst.

Verfolge mit deiner bewussten Aufmerksamkeit, welche deiner Gedanken und Gefühle die fließenden, rhythmischen Bewegungen stören. Du bist mit deiner gesammelten Aufmerksamkeit auf das Gehen konzentriert – ohne verkrampfte Anstrengung. Du gehst, das ist alles! Ebenso wie in der Meditation brauchst du dabei nichts zu denken. Lasse alle Gedanken sofort wieder los, wenn sich etwas in deinen Kopf einschleichen will. Zum Gehen ist Denken unnötig. Und im Moment hast du nichts weiter zu tun als zu gehen.

Diese Sammlung deiner Aufmerksamkeit auf das Gehen sorgt wiederum dafür, dass Bewusstseinsenergie in deine Muskeln, Gelenke und Zellen fließt. Dein Bewusstsein vom Gehen prägt sich also allmählich der materiellen Substanz deines Körpers ein, und sie wird dir dienstbar. Dadurch verringert sich die Möglichkeit, dass dein Körper von deiner Tiernatur gelenkt werden kann. Dein Ich-Bewusstsein erobert das Terrain, in welchem zuvor das Tier geherrscht hat.

Die Übungen, die ich dir vorschlage, wirken auf verschiedene Aspekte und Qualitäten deines Bewusstseins. Deshalb ist es gut, wenn du frühere Übungen wiederholst und verschiedene Übungen parallel zueinander ausführst. Bewusstseinsentwicklung ist ein sehr subtiler Prozess, der sich allmählich und kaum merklich vollzieht.

Die Schulung deines Bewusstseins entspricht dem Lernprozess, der notwendig ist, um ein Instrument zu spielen. Ich kann mir vorstellen, dass du manchmal Widerstände dagegen spürst, die Übungen fortzusetzen. So geht es auch den Menschen, die ein Musikinstrument spielen lernen. Sie durchschauen oft nicht, warum der Lehrer Fingerübungen und Etüden von ihnen verlangt. Sogar Pianisten, die bereits öffentliche Konzerte geben, müssen stundenlang üben. Viele von ihnen gehen weiterhin zu einem Lehrer, weil sie wissen, dass sie nur so ihre Fähigkeiten aufrechterhalten und verbessern können.

Meine Anregungen sollen dir helfen, dein Bewusstsein wie ein Instrument gebrauchen zu lernen, um dich selbst und das Leben zu erkennen und zu verstehen. Wenn du ein Meister darin werden willst, wirst du ebenso lange und intensiv üben müssen wie ein Künstler in seinem Fach. Du kannst dich natürlich auch dazu entscheiden, dein Bewusstsein wie ein Hobbykünstler weiterzuentwickeln – dann brauchst du viel weniger

Einsatz zu leisten und kannst mit geringeren Erfolgen zufrieden sein.

Parallel zu deinen Körperübungen solltest du folgende Meditation üben:

13. Übung:

Wald-Meditation

Versenke dich in dein Inneres. Du hast gelernt, mit Pfeil und Bogen sicher umzugehen, und kannst es nun wagen, deinen Wald zu erforschen. Bei jedem Schritt gewinnst du an Körperbeherrschung und wirst unmerklich stärker. Vorläufig wird dir das wilde Tier noch ausweichen. Daher hast du Zeit, die Pflanzen, Bäume und die anderen Waldbewohner zu beobachten. Du folgst dem Lauf eines Baches und findest eine Quelle.

In dieser Meditation bekommst du auf einer Inneren Ebene Zugang zu den Naturkräften deines Körpers. Der Wald ist ein Symbol für die unbewussten Wachstums-Kräfte deiner Organe und Zellen. In ihm verbergen sich jedoch auch verdrängte – d.h.: dir unbewusste – Gefühle, Schmerzen, Erschütterungen, positive und negative Erlebnisse deiner Vergangenheit.

Pflanzen   = vegetative Wachstumskräfte
Tiere   = Triebkräfte
Bach   = fließende oder stockende Lebenskräfte und
             Gefühle
Quelle   = Ursprung der Lebenskraft

So kann jedes Element, das dir bei deinem Weg in den Wald auffällt, bedeutsam sein und dir Hinweise auf verborgene Teile deiner Persönlichkeit geben. Nutze die Möglichkeit, die Assoziationen aufzuschreiben, die dir einfallen. Dann bitte dein Inneres Wesen wieder, dir durch Impulse aus deinem Herzen zu zeigen, ob du richtig verstehst.

Auf diese Weise übst du dich gleichzeitig in der inneren und in der äußeren Welt darin, Bewusstheit zu gewinnen. Erfahrungen in beiden Bereichen wirken aufeinander zurück und verstärken das Ergebnis. Je bewusster du dich in den inneren Räumen bewegen lernst, umso leichter wird es dir fallen, deine alltäglichen Handlungen ebenso bewusst zu vollziehen.

Nun wird es aber Zeit, dem Inneren Tier gegenüberzutreten und deine Kräfte mit ihm zu messen.

14. Übung:

Besiege das Tier

Du versenkst dich in deinen Inneren Raum und findest im Wald die Höhle, wo sich das Tier versteckt. Du näherst dich vorsichtig und in voller Bewusstheit deiner Kräfte. Gleich wirst du ihm gegenüberstehen. Überlege dir, auf welche Weise du das Tier besiegen kannst.

Du kannst den Sieg vielleicht nicht in einer einzigen Meditation erreichen. Nimm dir so viel Zeit, wie du benötigst, um eine Lösung zu finden, mit der du von Herzen zufrieden bist. Erbitte Unterstützung von deinem Inneren Wesen.

Ich bin sicher, dass dir dein Inneres Wesen beigestanden und dir zugeflüstert hat, dass du keine Furcht zu haben brauchst. Durch diese Meditation bist du dir selbst und deinen Inneren Kräften sehr nahe gekommen. Es gibt nichts Fremdes in deinem Wald. Alles, was dir begegnet – auch das Tier –, sind Aspekte von dir. Es gibt in deiner Innenwelt keinen Feind. Deinem Ich-Bewusstsein erscheint nur das als feindlich, was dir nicht vertraut ist. Dein Innerer Raum war dir bisher unbekannt, und deshalb erschienen dir die Inneren Kräfte bedrohlich und gefährlich.

Ich habe dich mit Pfeil und Bogen ausgerüstet, damit du dich sicher fühlen kannst, wenn du durch den Wald streifst. Zwar ist es gut, für alle Fälle mit Pfeil und Bogen ausgerüstet zu sein, aber ich meine, es ist noch besser, wenn du sie nicht einzusetzen brauchst. Bedenke, dass das Tier ein Teil deiner Persönlichkeit ist. Es gibt mehrere Möglichkeiten, es zu besiegen. Wenn du es tötest, verlierst du die Kräfte, die es in deinem Inneren vertritt.

Jedes Wesen in deiner inneren und äußeren Welt hat eine bestimmte Aufgabe für dich. Du triffst niemals jemanden unnötig. Personen und Ereignisse, die dich stören oder verletzen, haben sogar eine besondere Bedeutung für dein Leben. Eigentlich gibt es gar keine Feinde – weder in deiner Innenwelt noch um dich herum. Jeder ist nur dein Gegenüber, nicht dein Gegner. Ein Gegenüber zeigt dir bestimmte Wesensanteile deiner eigenen Persönlichkeit, die dir wenig bewusst sind. Du brauchst ein lebendes Beispiel in deiner Umwelt, um unbewusste Seelenanteile kennenzulernen.

Deshalb ist auch das Tier in dir nur ein Aspekt von dir selbst. Wenn du das erkennst, wirst du spüren, dass du das Tier nicht töten darfst. Du würdest dich selbst verletzen. Diese Einsicht geht dir sicher so zu Herzen, dass du beginnst, das Tier mit anderen, liebevolleren Augen zu sehen. In dem Moment, wo der Funke der Liebe in deinem Herzen aufflammt, wird das Tier spüren, dass ihm von dir keine Gefahr droht. Du kannst dich ihm langsam nähern und es schließlich sanft berühren.

Wenn dir dieser Schritt gelungen ist, gratuliere ich dir! Du hast nicht nur deine Angst besiegt, sondern auch die Feindseligkeit in dir selbst überwunden. Nun brauchst du niemanden mehr wirklich zu fürchten und niemanden zu hassen. Du hast aufgehört, der Feind anderer zu sein. Befestige diese Haltung in dir! Wann immer dir in der inneren oder äußeren Welt jemand bedrohlich erscheint, erinnere dich an diesen Sieg. Du wirst fühlen, dass jeder gegenwärtige Feind dein zukünftiger Freund oder Helfer sein kann. In diesem Sinne wirst du später auch

von anderen wahrgenommen werden. Viele werden in dir keinen Feind mehr sehen – und erkennen, dass du ein Freund
bist.

7. Wegweiser

Begegne dir selbst im Spiegel

Die Anstrengungen der letzten Wegstrecke haben sich gelohnt. Du weißt jetzt, dass du weder in der inneren noch in der äußeren Welt besiegt werden kannst. Vielleicht hat dich meine Behauptung verblüfft, dass du nur Feinde hast, wenn du selbst feindlich eingestellt bist. Es mag dir so erscheinen, als ob du von anderen angegriffen wirst – und sei es auch nur in Gedanken und Worten. Tatsächlich erlebst du jedoch nur den Rückfluss der feindseligen Energie deiner früheren Gedanken, Gefühle und Taten.

Wenn du deine Gefühls- und Gedankenkräfte zu beherrschen gelernt hast, wird es dir immer besser gelingen, dich in der äußeren Welt zu behaupten, ohne gegen jemanden oder etwas kämpfen zu müssen. Dein innerer Kampf und deine Selbstüberwindung schaffen die Voraussetzungen für eine friedliche Zukunft. Das entspricht den Gesetzen der Welt des Geistes; denn du hast ja bereits bei den ersten Wegweisern erfahren, dass dein Denken und Fühlen die äußere Wirklichkeit hervorrufen.

Es gibt geistige Gesetze, die darüber bestimmen, welche Erfahrungen und Erkenntnisse einem Menschen eröffnet werden. Nicht jeder besitzt die notwendige innere Reife, um sorgsam mit den geistig-seelischen Kräften umgehen zu können, denen er auf dem Weg zum Inneren Wissen begegnet.

Der Prozess des Vertrautwerdens mit den geistigen Gesetzmäßigkeiten nennt man „Einweihung". Eine Einweihung ist den Menschen vorbehalten, die ihre Angst und ihre Feindseligkeit besiegt haben. Dadurch zeigen sie, dass sie den Kräften gewachsen sind, die im Kosmos und in ihnen wirken.

Wenn geistige Lehrer Inneres Wissen beliebig an jedermann verteilen würden, würden sie Chaos und Gewalt erzeugen.

Das ungezähmte Innere Tier reagiert dumpf und wild auf alle unbekannten Situationen. Deshalb sind Menschen, die nicht von ihrem Ich-Bewusstsein, sondern durch ihre Ängste und ihren Zorn gelenkt werden, zu blind, um die weitreichenden Folgen ihrer Handlungen zu erkennen. Das Innere Wissen würde ihnen nichts nützen, weil sie es nicht gezielt anwenden können. Stattdessen würden sich die Inneren Kräfte verselbständigen und Zerstörung in ihrem Leben und in ihrer Umgebung verursachen.

Deshalb hat es in früheren Zeiten geistige Schulen gegeben, die man „Mysterien-Schulen" nannte. Dort wurden ausgewählte Menschen von Priestern und Lehrern geprüft und entsprechend ihrer inneren Reife unterrichtet. Stufe für Stufe wurden sie in vielen Jahren intensiver Schulung durch geistige Belehrungen und religiöse Rituale darauf vorbereitet, das Innere Wissen zu erlangen und die verborgenen Kräfte anzuwenden. Diese Schulen waren sehr streng in der Auswahl ihrer Schüler. Sie mussten sich in freier Entscheidung vom normalen Leben der anderen Menschen zurückziehen und sich ganz dem geistigen Leben hingeben. Sie entwickelten sich zu Priestern, Lehrern und Heilern für ihr Volk.

Zwar sind viele von ihnen einem weltlichen Beruf nachgegangen und haben eine Ehe geführt, aber sie haben sich verpflichtet, alle weltlichen Handlungen in Übereinstimmung mit den geistigen Regeln zu vollziehen, die man sie gelehrt hat. Schon dadurch unterschieden sie sich von den anderen Menschen ihrer Zeit. In manchen Kulturen wurden sie sehr geachtet und verehrt – in anderen wurden sie missverstanden, verachtet oder sogar verfolgt und getötet.

Da in der christlichen Zeit die Kirche alle von ihr abweichenden geistigen Schulen verdammt und – wenn möglich – zerstört hat, gibt es heute nur noch wenige Reste des wahren Geistesgutes in philosophischen und religiösen Vereinigungen, die außerhalb der Kirchentradition das geistige Wissen der Eingeweihten hüten. Darüber hinaus findet man Spuren der alten Mysterien in der Philosophie, Religion, in Märchen und Legenden.

Leider haben sich die Menschen seit dem 18. Jahrhundert von den geistigen Traditionen weitgehend abgeschnitten und sich dem Materialismus zugewendet. Sie haben Gedanken- und Gefühlskräfte nicht mehr nach innen gerichtet, um die dort verborgene Weisheit zu entdecken. Stattdessen werden alle Kräfte nach außen gelenkt, so dass die Illusion entsteht, dass nur die äußere, materielle Wirklichkeit Bedeutung hat.

Durch diese Umlenkung der Aufmerksamkeit auf äußere Prozesse ist der wirtschaftlich-technische Fortschritt gelungen. Der geistig-spirituelle Fortschritt ist jedoch geopfert worden, so dass dem heutigen Menschen zwar viel Wissen von äußerlichen Erscheinungen zur Verfügung steht, aber es fehlt ihm die geistig-seelische Weisheit im Umgang mit der Umwelt.

Es gibt zurzeit nur wenige Eingeweihte, die den richtigen Umgang mit inneren und äußeren Kräften lehren können. Aus diesem Grund ist jeder Einzelne auf sich selbst angewiesen und muss in langer, mühsamer Forschung seinen Weg zum Inneren Wissen finden. Ich hatte das Glück, diesen Weg entdeckt zu haben, und kann nun ein Wegweiser für dich sein. Aber ich kann dir nicht den Rückhalt einer vertrauten Gemeinschaft geben, die dir die innere Sicherheit für jeden nächsten Schritt vermittelt. Du wirst allein gehen, wie ich allein gegangen bin.

Doch dieser Mangel ist auch die größte Chance unserer Zeit: Er zwingt dich zur Selbständigkeit und macht dich von allen äußeren Einflüssen unabhängig. Wenn du eines Tages das Ziel erreicht hast, wird dich niemand mehr belügen oder betrügen können. Kein Priester, kein Wissenschaftler, kein Lehrer und kein Politiker kann dich mehr täuschen. Du hast dann gelernt, richtig und falsch, wahr und unwahr aus dir selbst heraus zu erkennen. Für dieses Ziel lohnt sich jede Anstrengung.

Was ich auf meinem Inneren Weg herausgefunden habe, kann dir als Hinweis dienen. Aber du sollst nicht ungeprüft alles in dich aufnehmen, was ich dir sage. Jeder Schritt deines Weges wird dich fähiger machen, meine Aussagen zu bestätigen oder zu verwerfen. Was für mich wahr ist, muss nicht unbedingt zu deiner Wahrheit gehören. Deshalb sollen dir die Übungen auch Unabhängigkeit von mir geben. Ohne sie sorgfältig auszuführen, wirst du nichts weiter sein als ein Konsument von Worten. Daraus wächst keine Weisheit. Erst die wirkliche Erfahrung lockt dein Inneres Wissen hervor und macht dein Bewusstsein reif zum Unterscheiden und Urteilen.

Nachdem du das Innere Tier besiegt hast, bist du gut vorbereitet, weitere Aspekte deiner Inneren Wirklichkeit kennenzulernen. Ich habe dir gesagt, dass das Tier ein Teil von dir ist. Es gibt in deinem Inneren viele Abbildungen von Eigenschaften, die du im Laufe von vielen Jahrhunderten oder sogar Jahrtausenden erworben hast. Ja, du hast richtig verstanden: Ich behaupte, dass du bereits vor Jahrtausenden existiert und Eigenschaften entwickelt hast.

Auf meinem Inneren Weg bin ich an eine Wegkreuzung gekommen, die mein bisheriges Weltbild vollständig verändert hat. Damals wollte ich um keinen Preis weitergehen, aber es war schon zu spät, um umzukehren. Die Erkenntnis war erschütternd, aber heilsam, denn sie hat mich mit einer wunderbaren neuen Sicht der Wirklichkeit beschenkt:

Ich konnte mich plötzlich daran erinnern, schon viele Male auf Erden gelebt zu haben. Es waren nicht solche Bildvisionen, wie du sie in den Meditationen kennengelernt hast. Sondern ich fühlte mich mit absoluter Sicherheit in andere Zeiten zurückversetzt, wo ich mich in verschiedenen Altersstufen und Situationen leben, denken, fühlen und handeln sah. Ich erlebte Freude und Leid so intensiv, als ob sich die betrachtete Situation noch einmal ereignete. Plötzlich wusste ich zum Beispiel, wie es sich anfühlt, nach einem Schiffbruch auf einer Planke im Meer zu treiben. Ich fühlte, wie die sengende Sonne meinen Körper austrocknete, und empfand, wie mein Bewusstsein langsam schwand. Mir war sogar die Bedeutung dieses tragischen Schicksals vollkommen bewusst. Ich wusste, dass ich nicht zufällig in diese Situation geraten war, sondern erkannte sie als eine logische Folge früherer Handlungen.

Ich habe verstanden, dass man die Gegenwart erst im Zusammenhang mit der Realität vergangener Leben und den früher getroffenen Entscheidungen wirklich begreifen kann. Seither habe ich vielen Menschen dazu verholfen, sich an ihre vergangenen Erdenleben zu erinnern.

Der Prozess der Erinnerung an vergangene Zeiten ist zu schwierig, um ihn dir in diesem Buch zu erklären. Aber wenn du die notwendige innere Reife erlangt hast, werden diese Erinnerungsbilder ganz natürlich und selbständig in dir aufsteigen. Bis dahin solltest du meine Behauptung vorläufig akzeptieren. Das mag schwierig für dich sein. Bedenke jedoch, dass ein großer Teil der Weltbevölkerung an die Wiedergeburt glaubt. Niemand hat je bewiesen, dass der Mensch nur einmal lebt. Man weiß nur, dass der Körper nach dem Tod zerfällt. Aber bist du denn nur der Körper?

Die Tatsache, dass du bisher keine Erinnerungen daran hast, was vor deiner Geburt geschah, sagt wenig. Du kannst dich sicher auch nicht an deine ersten Lebensmonate erinnern. Genauso wenig erinnerst du dich an das, was geschieht, während du schläfst. Trotzdem bist du in beiden Fällen existent. Andere bestätigen dir deine Existenz, weil sie dich gesehen haben. Und du glaubst ihnen das.

Bisher hast du vieles einfach hingenommen und für wahr gehalten, was dir andere Menschen über das Leben erzählen oder was du in Büchern liest. Ich möchte, dass du dich auf das besinnst, was du von dir wirklich weißt. Wirkliches Wissen erlangst du nur durch deine eigene Bewusstheit. Erst wenn du dich daran bewusst erinnerst, wie du dich als Säugling gefühlt hast oder wie du deine Geburt erlebt hast, weißt du, was wirklich mit dir geschehen ist. Ich habe vielfach erfahren, dass es Menschen möglich ist, sich an die eigene Geburt, an die Zeit im Mutterleib und sogar an den Zeitpunkt der Empfängnis zu erinnern. Es gab dich damals schon, und du warst fähig, wahrzunehmen, wie du in den Mutterleib gekommen bist. Allerdings hältst du dieses Wissen in dir verborgen, damit es dich von der Wahrnehmung der Gegenwart nicht ablenken kann.

Jedes eigenständige neue Leben beginnt nach der Durchtrennung der Nabelschnur. Von dem Moment an zieht sich das Selbst langsam nach Innen zurück. Nur ein Teil des Bewusstseins wird nach außen gerichtet und macht seine Erfahrungen mit der Umwelt. Das Innere Wissen wird allmählich verdrängt, um neuen Situationen unbefangen zu begegnen. Doch alle Eigenschaften und Charakterzüge, die du in früheren Leben erworben hast, bleiben wirksam und entwickeln sich in neuen Lebensumständen weiter.

Beispiel: Ein 42-jähriger Mann arbeitet als Chefkoch in einem renommierten Restaurant. Er ist bekannt für seine Fähigkeit, seinen Gerichten eine besonders würzige Note zu geben. Seit einem kleinen Brand im Restaurant, bei dem es keinen nennenswerten Schaden gegeben hat, leidet er unter extremen Ängsten, die es ihm kaum möglich machen, seiner Arbeit weiter nachzugehen.

Er erzählt von sich, er sei ein besonders ruhiges Kind gewesen. Ein Kinderfoto zeigt ihn mit großen, etwas schwermütig blickenden Augen. Er hatte als kleiner Junge kaum Interesse an seiner Umwelt und lachte selten. Nur wenn seine Mutter ihn auf den Markt mitnahm, wurde er lebhafter und freute sich, den Stand mit den Gewürzen anzusehen. Aufgeregt schnupperte er an den kleinen Päckchen, die sie dort kaufte. Er spielte gern mit den leeren Gewürzdosen. Die Schulzeit verlief unauffällig. Er zeigte weder besondere Talente, noch machte er irgendwelche Schwierigkeiten. Den meisten Aktivitäten begegnete er lustlos, aber er tat willig, was man von ihm forderte.

Sein einziges deutliches Interesse galt dem, was seine Mutter in der Küche tat. Er beobachtete sie und begann früh, selbständig kleine Gerichte zu kochen. Als Jugendlicher überließ sie ihm bereits gern, das Sonntagsessen zuzubereiten. Es gab nur diesen einen Beruf für ihn: Koch!

Als Erwachsener scheute er sich davor zu heiraten. Eine unbestimmte Angst lähmte ihn. Er sagte sich, es sei sowieso nicht gut, Kinder in diese von Umweltkatastrophen bedrohte Welt zu setzen.

Als er sich zu Reinkarnations-Rückführungssitzungen entschloss, um die Bedeutung seiner Angst zu verstehen, erinnerte er sich, dass er Gewürzhändler in einer orientalischen Stadt gewesen war. Bei einem Großbrand verlor er seine Frau und die Kinder, die er sehr liebte. Danach wurde er des Lebens nicht mehr froh und starb wenige Jahre später, mehr an Kummer als an der leichten Infektion, die ihn befallen hatte.

Ähnlich starke Eindrücke hast auch du in anderen Leben gesammelt, und sie wirken auf dein heutiges Leben ein. In deinem Energiekörper sind alle früheren Erfahrungen gespeichert und werden jedes Mal wieder belebt, wenn du in Situationen kommst, die eine Ähnlichkeit mit ehemaligen Erlebnissen haben. Natürlich bleibt dir dieser Zusammenhang gewöhnlich verborgen. Dein Ich-Bewusstsein ist auf die äußere Wirklichkeit der Gegenwart ausgerichtet und blendet alle anderen Impulse aus. Je besser du aber gelernt hast, dein Bewusstsein durch die Meditations-Übungen auch auf die Innere Wirklichkeit auszurichten, umso deutlicher werden sich dir die alten Strukturen zeigen. Man kann sich daran gewöhnen, gleichzeitig außen und innen wahrzunehmen, und festzustellen, was zueinander gehört.

Die im Energiekörper gespeicherten Eindrücke bilden ein komplexes Muster und sind im eigentlichen Sinne das, was man deinen Charakter nennen könnte. Die neuen Situationen reaktivieren jeweils die passenden Energien, und sie bestimmen deine Handlungsweise. Zwar mag es dir so vorkommen, als ob du aus deinem Ich-Bewusstsein jeden Moment darüber bestimmst, was du tust oder lässt. In Wirklichkeit aber sind deine Reaktionen immer von deiner Vergangenheit geprägt.

Ohne eine Bewusstseinsschulung bist du nicht in der Lage, ein Ereignis so zu erleben, wie es tatsächlich ist. Es ist, als ob du die Welt durch eine gefärbte Brille betrachtest. Niemand sieht die Welt genauso wie du, denn jeder bezieht seine früheren Erfahrungen in die Interpretation der Wirklichkeit mit ein. Du solltest dich also daran gewöhnen, dass es nur eine persönliche Wirklichkeit für dich gibt. Die Wirklichkeit anderer Menschen sieht völlig anders aus als deine, auch wenn ihr die gleichen Situationen erlebt.

Beispiel: Stelle dir vor, du bist mit einem guten Freund auf einer Wanderung durch einen Tannenwald. Während du dich darin heimelig und geborgen fühlst und so ein fröhliches Gefühl bekommst, dass du singen möchtest, kann er gleichzeitig eine tiefe Bedrückung empfinden. Es mag sein, dass in deinem Energiekörper die Erinnerung an ein Leben als Förster angesprochen wird, in dem du dich sehr wohl und glücklich fühltest. Dein Freund kann gleichzeitig eine dumpfe Angst empfinden und den Eindruck haben, dass er sich verstecken sollte. Er ist vielleicht früher einmal in einem ähnlichen Wald als Wilddieb gefangen worden. Aus dieser unterschiedlichen Wahrnehmung des gleichen Waldes kann eine Missstimmung zwischen euch entstehen, die keiner erklären kann. Plötzlich spürst du seine Angst und Gereiztheit, und du weißt nicht, womit du ihn geärgert hast.

Auf ähnliche Weise spielen die Erinnerungsstrukturen ständig in dein Leben und deine Beziehungen zu anderen Menschen hinein. Normalerweise merkt man es nicht und es lässt sich daher auch nicht ändern. Erst wenn du gelernt hast zu unterscheiden, ob eine Reaktion tatsächlich aus dieser oder einer früheren Zeit stammt, kannst du dich von der automatischen Vermischung der Erlebnisse befreien. Dazu ist es nötig, einen

Schulungsprozess zu durchlaufen, in dem du die Erinnerungen an wichtige Situationen deiner früheren Leben wachzurufen lernst. Ich führe solche Schulungen in Hamburg durch, und es gibt andere Lehrer in den meisten Großstädten in Europa und den USA, die dich anleiten können. (Ich empfehle zu diesem Thema meine Buch-Veröffentlichung: Wiedergeburt – Eine Reise in frühere Erdenleben.)

Auch dein Inneres Wesen kann dich an deine früheren Leben erinnern. Es wird dich durch ein verabredetes Signal aufmerksam machen können, wenn Ereignisse im Alltag mit Erfahrungen aus früheren Leben zu tun haben.

15. Übung:

Alarmsignal

Setze dich in Meditation und verbinde dich mit deinem Inneren Wesen. Bitte es, mit dir über ein Signal zu kommunizieren. Schlage ein Signal vor, z.B. einen roten Pfeil, der in das Bewusstsein schließt, wenn es dich auf Vorleben aufmerksam machen will. Übe dich darin, den Pfeil vor deinem Inneren Auge zu sehen. Dann bitte es erneut, dir diesen Pfeil immer dann zu zeigen, wenn eine Lebenssituation etwas mit deinen Vorleben zu tun hat.

Wenn der Pfeil dann irgendwann durch dein Bewusstsein schießt, solltest du sofort innehalten und dich besinnen, was du gerade erlebt oder gedacht hast. Notiere dir stichwortartig, was dir auffällt. Ohne weiter nachzudenken, lässt du die Situation weiterlaufen und wartest, bis wieder ein roter Pfeil auftaucht. Notiere die Umstände usw., bis du nach einiger Zeit eine Sammlung von Notizen hast, die du dann gründlich überdenken kannst. Du wirst daraus Hinweise ableiten können, die dir zeigen, in welchen Situationen und auf welche Weise du von früheren Eindrücken noch heute bestimmt wirst.

Natürlich ist diese Übung noch keine vollständige Erinnerung an frühere Leben, aber sie ist ein Anfang für deine Bewusstwerdung ihrer Realität. Zunächst kommt es nicht so sehr darauf an, genau zu wissen, was du früher erlebt hast. Wichtiger ist es, „Lebensthemen" herauszufinden, die dich schon seit vielen Leben beschäftigen. Jeder Mensch trägt ungelöste Fragen in sich, um deren Lösung er sich im Verlauf seines Lebens bemüht. Diese ungelösten Lebensthemen verlangen nach besonderen Situationen und Erfahrungen, um verstanden zu werden. Deshalb gerätst du oft in ähnliche Schwierigkeiten hinein oder bekommst Kontakt zu Menschen mit besonderen Eigenarten, die geeignet sind, dich an dein Lebensthema heranzuführen.

Die Menschen und Situationen deiner Umgebung sind eine Art Spiegel, in dem du dich selbst und deine Lebensthemen erkennen kannst. Niemand ist zufällig in deiner Nähe, kein Ereignis geschieht einfach so, alles hat Bezug zu dir und deinem Lebensweg. In dieser Betrachtungsweise gibt es eigentlich keine von dir unabhängige Umwelt. Alles, was du erfährst, ist die durch deine Brille gefärbte Innenwelt, die du nach außen projiziert hast.

Erinnere dich an das, was ich dir über die Lebensbühne gesagt habe: Es gibt einen Regisseur, der das ganze Stück inszeniert. Dein Selbst arrangiert die für dich notwendigen Erfahrungen. Deine Mitmenschen sind Mitspieler in deinem Spiel – aber es ist gleichermaßen ihr Spiel. Auch ihr Selbst führt im Hintergrund Regie. Sie spielen ein Lebensthema mit dir durch, das sowohl für dich als auch für sie bedeutsam ist. Aber für sie hat das Spiel eine andere Bedeutung, denn sie erleben die Szene als Reflektion ihrer Innenwelt.

Es treten nur Menschen in dein Leben hinein, deren Rolle zu deinem Lebensspiel passt. Häufig führen sie dir Eigenschaften und Handlungsweisen vor Augen, die typisch für dich sind.

Beispiele:

1. Wenn du oft Menschen begegnest, die zu Eifersucht neigen, kannst du annehmen, dass du in deinen früheren Leben selbst heftige Eifersuchtsgefühle empfunden hast. Vielleicht möchtest du diese Neigung in diesem Leben überwinden, und deshalb sind dir die Menschen unangenehm, die ihrer Eifersucht erliegen.

2. Wenn dich Menschen ärgern, die sich durch Schmeicheln und Heucheln eine bessere berufliche Position erwerben als du mit deiner offenen, ehrlichen Art, solltest du über dich nachdenken. Es mag sein, dass du auf einem anderen Lebensgebiet unehrlich bist, um Sympathien zu gewinnen.

Jeden Tag begegnest du dir im Spiegel des Lebens. Jede Alltagssituation ist ein Spiegelbild deiner derzeitigen Innenwelt und der Erfahrungen, die du in anderen Leben gesammelt hast. Alle Ereignisse, in denen du dich ärgerst, weisen dich besonders auf etwas hin, was du bei dir bisher nicht vermutet hast. Es ist viel einfacher, diese Eigenschaften bei anderen zu sehen und zu kritisieren. Aber Vorsicht! Jede Kritik am anderen ist eine Falle. In Wirklichkeit sprichst du über dich, wenn du jemanden kritisierst.

Du kannst versuchen, die Bedeutung der Spiegelbilder zu verstehen. Das ist eine schwierige, aber sehr interessante Aufgabe. Sie gibt dir die Möglichkeit, jede Lebenssituation wie ein aufregendes Abenteuer zu erleben. Dafür ist es notwendig, in jedem Augenblick des Tages vollkommen bewusst und wach zu sein. Du solltest jederzeit wissen, was du tust. Ähnlich wie bei den Übungen des bewussten Stehens und Gehens sollte sich dein Bewusstsein mit jeder Handlung verbinden. Erst dann wird es dir allmählich gelingen, gleichzeitig die Innen- und Außenwelt wahrzunehmen. Folgende Übungen unterstützen dich dabei:

16. Übung:

Wahrnehmung des Augenblicks

1. Führe einige bewusste Telefongespräche.

Bemerke deine Stimmung, bevor du das Telefon zur Hand nimmst. Nimm konzentriert deine Bewegungen wahr. Spüre, wie deine Hand das Telefon berührt und ans Ohr führt. Registriere deinen Tonfall beim Sprechen und empfinde die Kraft, mit der du sprichst. Beachte genau die Wirkung der Stimme deines Gesprächspartners auf deine Stimmung.

Versuche nicht absichtsvoll etwas zu verändern! Lass sich alles entwickeln, wie es natürlich geschehen will, aber bemerke jede Änderung deines Gefühls und beobachte die Wechselwirkungen zwischen dir und dem anderen. Der Inhalt des Gesprächs soll dir natürlich bewusst werden, aber versuche besonders, die Zwischentöne in der Kommunikation zu bemerken. Achte darauf, was du eigentlich mitteilst und was dir der Partner unausgesprochen herüber sendet.

2. Führe eine persönliche Begegnung herbei.

Ergreife die Initiative für ein Gespräch mit einem Fremden auf einer Gesellschaft, im Beruf oder im Park. Beobachte, wie du deine Wahl triffst. Stelle fest, was dich am anderen interessiert. Erfasse deine innere Stimmung, bevor du auf ihn zugehst. Sei wach und aufmerksam während der ersten drei Minuten und beobachte besonders die Mimik und Gestik des Gesprächspartners. Registriere auch deine Bewegungen genau, ohne dich besonders um gute Wirkung zu bemühen.

Sei natürlich, aber nicht unbewusst! Hüte dich vor Verkrampfung und Anstrengung. Du brauchst nicht auf der Lauer zu liegen. Es geht vielmehr darum, in jedem Moment wach und bewusst zu sein und zu bemerken, was mit dir geschieht und welche Wirkung du auf deine Mitmenschen hast.

Diese Übungen kannst du auf verschiedene Situationen übertragen. Es genügt, jeweils nur fünf Minuten so konzentriert und aufmerksam zu beobachten. Später wird es dir leichter werden und schließlich kann es dazu kommen, dass du immer wach und bewusst alles ganz natürlich registrierst, was mit dir geschieht. Dann wird es dein Inneres Wesen leichter haben, dich auf besondere Umstände aufmerksam zu machen. Beachte aber, dass du nicht in Versuchung gerätst, die jeweilige Situation aus deinem Ich-Bewusstsein zu lenken. Dein Ich-Bewusstsein ist der aufmerksame Beobachter des Geschehens, keinesfalls der Dirigent!

Wenn du dir diese aufmerksame, wache Lebenshaltung angewöhnst, wirst du allmählich einen anderen Blick auf das Leben gewinnen. Ähnlich wie in der Natur alles wächst und sich bewegt, ohne dass du eingreifen musst, gestaltet sich auch das äußere Leben nach den ihm innewohnenden Gesetzen. Du bist nicht klug genug, es zu verbessern. Alle Absichten deines rationalen Denkens wirken eher störend auf die natürlichen Lebensprozesse. Auch deine Organe tun, was notwendig ist, ohne dass du absichtsvoll darauf Einfluss nimmst. Was hilft es deinem Herzen, wenn du dir Gedanken darüber machst, ob es gut und richtig schlägt? In dem Moment, wo du darüber nachdenkst, wie es schlagen soll, bekommst du Angst und dein Herzschlag gerät durcheinander.

Du kannst aber auch eine Haltung liebevoller Aufmerksamkeit für dein Herz einnehmen. Wenn du das Bewusstsein in dir trägst, dass alles von selbst gut und richtig funktioniert, enthältst du dich der gezielten Beeinflussung durch Nachdenken und Sorgen. Dann kannst du unbesorgt in bewussten Kontakt zu deinem Herzen treten, den Herzschlag fühlen und er wird ruhig, stark und gleichmäßig sein. Du kennst diese Haltung ja bereits aus der Beobachtung des natürlichen Atemflusses bei der Meditation.

Jetzt ist es an der Zeit, diese neue Lebenshaltung auf deine alltäglichen Handlungen anzuwenden. Wenn du jeder Lebenssituation mit einer meditativen Bewusstseinshaltung begegnest, lässt du dem natürlichen Geschehen seinen Lauf. Du kannst jede Handlung meditativ ausführen. Das bedeutet, dass du jederzeit wach und bewusst bemerkst, wie du etwas tust und auf welche Weise andere Menschen auf dich reagieren. Das gelingt dir nur, wenn du die Gedanken ausblendest, die nicht zur Situation gehören. Du solltest also bei Haus- und Gartenarbeit dein Bewusstsein gesammelt auf deine Bewegungen und die eingesetzte Kraft ausrichten. Versuche nicht, im Kopf andere Pläne und Überlegungen anzustellen oder vom Urlaub oder einer Party zu träumen! Dann spaltest du nämlich deine Aufmerksamkeit und du wirst für das tatsächliche Geschehen wieder unbewusst.

Eine vollständige Bewusstheit der Gegenwart ist schwer zu erreichen. Immer wieder wirst du feststellen, dass deine Gedanken abwandern. Aber deine Meditationsübungen werden dir helfen, das wache Bewusstsein immer besser im Jetzt zu halten. Damit erschließt du dir die Möglichkeit, Strukturen aus früheren Leben zu entdecken. Du bereitest dich auch auf eine bessere Zukunft vor. Denn wenn es dir gelingt, heute ganz bewusst zu bemerken, was geschieht, wird es dir später mühelos gelingen, dich an alles zu erinnern, was du in dieser völligen Bewusstheit getan hast.

Die Bewusstheit der Gegenwart ist der Schlüssel zur Vergangenheit und Zukunft. Die Konzentration auf das, was jetzt geschieht, macht dich fähig, die zur Vergangenheit gehörenden Impulse zu entdecken und dich von ihnen zu lösen. Erst wenn du gelernt hast, unabhängig von deiner persönlichen Vergangenheit auf die Situationen zu reagieren, bist du frei für eine selbst gestaltete Zukunft.

Wer die Gegenwart nicht bewusst und wach erlebt, hat keinen absichtsvollen Einfluss auf seine Zukunft. Er ist ein dumpf reagierendes Wesen, das getrieben und bestimmt wird von den vergangenen Erfahrungen. Man sagt dazu, dass ein Mensch sein „Karma" erleidet. Das Karma ist das Schicksal, das aus vergangenen Gedanken, Gefühlen und Taten hervorgeht. Je bewusster und wacher du wirst, umso eher erkennst du, auf welche Weise du dein Karma selbst bestimmst. Dabei lernst du, Gedanken, Gefühle und Handlungen zu unterlassen, die schwierige Lebensumstände erzeugen. Die Begegnung mit dir selbst im Spiegel deines Alltags ist der Anfang zur Lösung deines Karmas.

Alles, was du täglich erlebst, ist also dein bereits verwirklichtes Karma, das aus deinen früheren inneren Einstellungen und Entscheidungen hervorgegangen ist. Die Gegenwart ist vollendet, an ihrem Verlauf kannst du nichts mehr ändern. Deshalb habe ich dir geraten, die Gegenwart mit bewusster Aufmerksamkeit wahrzunehmen, ohne sie verändern zu wollen. Du hast nur geringe Einflussmöglichkeiten darauf. Jedoch wird die Bewusstseinshaltung, mit der du die Gegenwart durchlebst, deine Zukunft entscheidend bestimmen. Die Gedanken und Gefühle, die heute aufsteigen, bewegen dein zukünftiges Karma.

Denke noch einmal an den Waldspaziergang mit dem Freund, der plötzlich nervös und gereizt auf dich reagiert. Im Gespräch greift er dich an und wirft dir Intoleranz vor. Wenn du wie ein „normaler Mensch" reagierst, wirst du dich ärgern und mit ihm zu streiten anfangen. Du versuchst, ihm mit Argumenten beizukommen und ihm zu beweisen, dass er unrecht hat. Das reizt ihn jedoch mehr, weil er unbewusst den Jäger in dir sieht, der ihn wegen einer unrechten Tat anklagen könnte.

Wenn du dagegen die meditative Bewusstseinshaltung einnimmst und die Situation als Ausdruck eurer unbewussten Vergangenheit ansiehst, kannst du eine Erregung neutralisieren. Vielleicht werdet ihr trotzdem euer Streitgespräch führen, aber die Gefühle werden weniger heftig zwischen euch hin und her gehen, und wenn du nicht nachtragend bist, werdet ihr schnell wieder einig.

Eine solche Haltungsänderung verhindert, dass ihr euch durch neu aufflammenden Streit zu gegenseitiger Ungerechtigkeit anstiftet, was euer zukünftiges Verhältnis belasten würde. Indem ihr erkennt, dass der augenblickliche Konflikt sich aufgrund von alten ungelösten Problemen und fehlgeleiteten Energien entzündet, löst ihr euch von dem Zwang zur Wiederholung alter Verhaltensmuster. Ihr macht euch damit frei für eine neue Art, miteinander umzugehen. So kannst du in jedem Moment deiner Gegenwart die Weichen für die Zukunft stellen. Das ist unabhängig von deinem Lebensalter möglich; denn was du heute entscheidest, wird bis in dein nächstes Leben dein Karma bestimmen.

Es sollte dir inzwischen klar sein, wie wichtig Bewusstheit in deinem Leben ist. Sie ist die entscheidende Funktion für deine Lebensgestaltung. Ohne eine wache, aufmerksame Lebenshaltung kann es dir nicht gelingen, deine Gedanken und Gefühle so umzupolen, dass sie nicht nur als bloße Reflexe deiner Vergangenheit reagieren. Oft reicht es, die klare Bewusstheit in der Gegenwart zu behalten. Manchmal aber ist es notwendig, ein genaueres Wissen über die Vergangenheit zu erhalten, um die inneren Kräfte neu ausrichten zu können. Wenn ich dich auch in diesem Buch nicht zu einer komplexen Reinkarnations-Erinnerung führen kann, so weiß ich doch einen Seitenweg, der dir einige deiner Gesichter zeigen kann, die du in anderen Leben getragen hast. Dazu solltest du nun deine Bildmeditation fortsetzen.

17. Übung:

Erkenne dich im Spiegel

Nimm deine Meditationshaltung ein und vertiefe dich in deinen Innenraum. Du trittst wieder in den Wald und gehst zu der Höhle, in der sich vorher das Tier verborgen hat. Es wird dich nicht daran hindern, die Höhle zu betreten. Bitte dein Inneres Wesen, dich zu geleiten. Es wird als schwebende Lichtgestalt neben dir sein und dich durch einen dunklen Gang führen. Vertraue dich ihm an!

Der gewundene Gang führt abwärts in ein großes schimmerndes Gewölbe hinein. Die Wände sind ringsum mit kristallenen Facetten ausgekleidet. Wenn du bereit bist, dir zu begegnen, stelle dich vor eine Spiegelwand und bitte dein Inneres Wesen, dir zu zeigen, wie du in einem früheren Leben ausgesehen hast und wie du gelebt hast. Dann warte ab, welche Bilder in dem Kristallspiegel auftauchen.

Betrachte in jeder Meditation nur ein Gesicht von dir. Dann lass dich von dem Inneren Wesen wieder hinausführen. Beende die Meditation erst, wenn du wieder am Waldrand stehst. Notiere dir deine Bildvisionen und deine Assoziationen dazu. Wiederhole die Meditation einige Tage später, wenn du genügend Abstand zu dem vorherigen Bild gewonnen hast.

Die Visionen, die in dieser Meditation auftauchen, sind symbolisch verschlüsselte Hinweise auf deine Eigenschaften in früheren Leben, Symbolvisionen kannst du willkürlich ändern. Du kannst mit ihnen experimentieren. Du könntest dich beliebig als junge schöne Frau oder als Greisin sehen. In einer Symbolvision wäre ein violetter Elefant etwas Natürliches. Du kannst dich auch entschließen, ihn gelb oder gestreift zu sehen. Die Inneren Bilder sind eine Bildsprache deiner Inneren Prozesse.

Je nach deinem visionären Talent ist es aber auch möglich, dass tatsächliche Erinnerungsbilder im Kristallspiegel auftauchen. Den Unterschied spürst du daran, dass du dann auch Gehör-, Geruch-, Geschmack- und Tastwahrnehmungen hast. Wirkliche Rückerinnerungen sind nicht beeinflussbar. Ein Raum, der zu einer wirklichen Erinnerung gehört, kann nicht durch bewusste Absicht umgestaltet werden. Entweder steht rechts neben dem Ofen ein mit Schnitzwerk verzierter Schrank oder nicht. Ebenso wenig kannst du beliebig die Person wechseln. Wenn du der Großvater bist, der in einem Schaukelstuhl am Ofen sitzt, kannst du das Schaukeln des Möbelstücks spüren, jedoch nicht empfinden, wie schwer der Wassereimer ist, den der Knecht gerade zur Tür hineinbringt.

Ich überlasse es dir, damit zu experimentieren. Jedoch warne ich dich ausdrücklich vor einem Alleingang. Ohne den Schutz deines Inneren Wesens bist du der Gefahr ausgesetzt, dich in Zerrbildern deiner Phantasie zu verlieren. Nicht umsonst habe ich dich langsam mit ihm vertraut gemacht. Du bist schon sehr weit in die Innere Wirklichkeit vorgedrungen und brauchst neben mir einen zuverlässigen Führer, der die Regeln und Gesetze der Inneren Wirklichkeit kennt. Dein Inneres Wesen wird dir helfen, klar zu sehen und die Bedeutung deiner Visionen langsam zu verstehen. Jede Eile ist ebenso schädlich wie ein verbissener Ehrgeiz. Du stehst in keinem Wettbewerb und brauchst weder dir noch anderen etwas zu beweisen.

Es kommt nicht so sehr darauf an, dass du viele deiner alten Gesichter wieder findest, sondern dass du in deinen verschiedenen Gesichtern lesen lernst. Lass dir also Zeit, zu erkennen, auf welche deiner Eigenschaften dich die Bildvisionen aufmerksam machen. Versuche, in den Spiegelbildern deine Wahrheit zu finden. Sieh dir mutig und aufrichtig die Gesichter an, die dir erscheinen, und suche Antworten auf die Frage:

Wer bin ich?

Auf diese Weise wirst du immer vertrauter mit deinem Karma und seinen Auswirkungen auf dein gegenwärtiges Leben. Diese Beobachtungen helfen dir dabei, die Regeln zu verstehen, nach denen sich dein Karma und das Karma anderer Menschen vollzieht.

Du wirst begreifen, dass Schicksal kein unwägbares Geschehnis ist, das Menschen unbarmherzig und zufällig trifft.
An jedem noch so unbedeutend erscheinenden Ereignis hast du mitgewirkt. Aber auch alle dramatischen und schweren

Stunden gehen auf deine Entscheidungen zurück. Du spielst das Spiel, in dem du auch Regie führst. Du bist mächtig und ohnmächtig zugleich.

Wenn du dies erkannt hast, gibt es keinen Grund mehr, dich über andere Menschen zu ärgern oder sie zu verachten. Sie dienen dir in deinem Spiel und du dienst ihnen gleichermaßen. Und du hast Grund genug, ihnen dankbar zu sein, dass sie dir zeigen, wie du wirklich bist.

8. Wegweiser

Versöhne dich mit dir

Dein Inneres Wesen hat dir einige Gesichter in den Kristall-spiegeln gezeigt, die du in anderen Leben getragen hast. Du bist schon vor Hunderten oder Tausenden von Jahren auf der Erde gewandert und hast viele Länder und Menschheitsepo-chen kennengelernt. Alle vergangenen Erfahrungen haben sich auf deine jetzige Persönlichkeit ausgewirkt. Das Gesicht, das du heute trägst, verbirgt die früheren Gesichter wie eine Maske. Zu diesen Gesichtern hast du früher einmal „Ich" ge-sagt und diese verschiedenen Persönlichkeiten sind immer noch in dir vorhanden. Du kannst es dir etwa so vorstellen wie eine russische „Puppe in der Puppe". Alle vergangenen Ei-genschaften machen deine heutige Persönlichkeit aus. Und es ist vorauszusehen, dass du in Zukunft noch viele Masken tra-gen wirst. Hinter diesen vielen Masken aber gibt es ein Zent-rum, deinen Wesenskern! Es ist dein wirkliches Ich, die zarte ätherische Gestalt, die dich in die Kristallhöhle begleitet hat. Das bist du selbst!

Dein Ich und dein Selbst sind nur verschiedene Ausdrucks-formen von dir. Dein Selbst trägt von Leben zu Leben eine andere Maske und ein anderes Kleid, das ist der jeweilige Körper. Du kannst als Mann oder Frau leben und deine Erfah-rungen machen. Aber es bleibt immer das ursprüngliche We-sen im Inneren verborgen tätig und lenkt von dort aus die Ent-wicklung der Kräfte. Gleichzeitig ist ein Teil der Be-wusstseinskraft auf die Außenwelt konzentriert. Dieser ab-gespaltene Bewusstseinsteil entwickelt das Ichgefühl und ver-gisst, dass er zum Selbst gehört und von ihm gesteuert wird.

Hier zeigt sich das Dilemma deines Lebens deutlich: Du bist Zwei! Nur die meditative Besinnung auf dein Innenleben kann dich wieder in eine lebendige und bewusste Beziehung zu deinem Selbst bringen. Wir haben ja schon damit begonnen, dich damit vertraut zu machen, als seiest du das Ich und das

Selbst sei dein Assistent. Dies ist jedoch eine bedauerliche Fehlwahrnehmung. Wenn du noch tiefer in dieses Mysterium eingedrungen bist, wirst du merken, dass das Ich eigentlich der Assistent des Selbst ist.

Das Drama der Menschheit beruht auf dem Irrtum, dass viele gesonderte Ichs ohne Verbindung zu ihrem Selbst die Welt auf den Kopf stellen. Tatsächlich leidet die Menschheit unter einer Bewusstseinsspaltung. Bedauerlicherweise wird diese Massenerscheinung als normal angesehen und es gilt als richtig, dass sich jedes Ich gegen das andere durchsetzt. Egoismus und Gewalt gedeihen prächtig auf dem Boden dieser kollektiven Fehlwahrnehmung.

Du bist nun an der Wegkreuzung deines Inneren Weges, wo dir die Augen für die Wahrheit geöffnet werden. Von jetzt an wirst du deine Bewusstseinsspaltung in allen Ausdrucksformen menschlichen Lebens erkennen können. Das wird schmerzhaft sein, solange du den Spalt in dir nicht überwunden hast. Der Schmerz und die Trauer werden dich daran erinnern, dass du aufgefordert bist, mit deinem Selbst einig und eins zu werden. Ich kann dir nicht versprechen, dass es schnell geht, aber ich weiß, es wird eines Tages ganz selbstverständlich geschehen.

Bis es so weit ist, sollst du dich noch viel besser kennenlernen und die Kommunikation mit deinem Inneren Wesen vertiefen. Setze deshalb deine Meditationsübungen regelmäßig fort! Jede Meditation bringt dich diesem wunderbaren Ziel näher. Du solltest auch gelegentlich im Buch zurückblättern und die ersten Kapitel noch einmal lesen. Wiederhole einige Übungen, denn nach einiger Zeit werden die Meditationen tiefgründiger und führen dich in andere Dimensionen deines Inneren Raums.

Es gibt aber noch andere Möglichkeiten, mehr über dich zu erfahren. Eine sehr wichtige Orientierungshilfe auf dem Weg zu deinem Selbst bietet dir dein individuelles Horoskop. Du findest es nicht in der Zeitung – was dort steht, hat höchstens Unterhaltungswert. Leider versteht man heute nicht, dass die Astrologie ein bedeutendes philosophisches System ist, das die Prinzipien des Lebens durch das „Analoge Denken" erfassbar und verstehbar macht. Das kosmische Denksystem der Astrologie geht weit über das wissenschaftliche Erklärungsmodell der Welt hinaus und bietet Einsichten in die Sinnhaftigkeit persönlicher und kollektiver Ereignisse. Durch astrologische Methoden ist es möglich, jedes beliebige Geschehen auf der Erde in seiner Entwicklung zu beobachten und seine Bedeutung für einzelne Menschen zu erfassen.

Ich werde dir ein wenig erzählen, welchen Gewinn du aus der Kenntnis deines Horoskops ziehen kannst, und du wirst bestimmt überrascht sein.

Die Kunst, Einsichten über das Geschehen auf der Erde aus dem Lauf der Gestirne abzulesen, war schon im alten Ägypten und in Babylonien bekannt. Die Sternkundigen folgten der uralten Weisheitsregel des Hermes Trismegistos. In seiner Tabula Smaragdina erklärt er die Gesetze und Regeln, nach denen das Universum geordnet ist. Berühmt wurde seine Aussage:

„Wie oben so unten!"

Das bedeutet, dass alles, was im Kosmos „oben" – also im Himmel bzw. im Geistraum – existiert, „unten" auf der Erde – also in der materiellen Wirklichkeit – ebenso vorkommt.

Aus den Beobachtungen der Gestirnsbewegungen und dem Vergleich mit zeitlich parallelen irdischen Ereignissen hat man festgestellt, dass bestimmte Gestirnkonstellationen gleichzeitig mit bestimmten Geschehnissen auftreten. Die Sternkundigen sammelten ihre Beobachtungen und stellten Regeln auf, die das analoge – also gleichzeitige und gleichbedeutende – Geschehen am Himmel und auf der Erde beschreiben.

Die Analogregel, „Wie oben so unten", definiert kein Ursache-Wirkungs-Verhältnis. Das heißt, die Gestirnverläufe sind nicht die Ursache für Ereignisse auf der Erde, sondern beides geht zeitgleich vor sich und ist auf einen Impuls Gottes zurückzuführen. Alles, was wir am Himmel und auf Erden beobachten können, ist nur die sichtbare Auswirkung der göttlichen Idee, die dahinter wirkt. So werden auch die Gestirne von diesem Gottesgedanken hervorgebracht und in ihrer Bewegung gelenkt. Es gibt nach dieser Auffassung nur eine gemeinsame Ursache für alle Erscheinungen: den Gedanken bzw. das „Wort Gottes". Das Gleiche wird auch in der Bibel gesagt, im Evangelium des Johannes, Kapitel 1: Am Anfang war das Wort und das Wort war bei Gott und Gott war das Wort ...

Konsequenterweise kannst du daraus schließen, dass dein Selbst ebenfalls eine Idee des Schöpfers ist. Dein Wesenskern ist die Idee und dein Körper ist die zeitliche materielle Ausdrucksform dieser Idee. Gleichzeitig mit der Gestaltung deines Wesens wachsen aus der göttlichen Idee andere Erscheinungsformen heraus, die sich überall im Kosmos und auf der Erde physisch verwirklichen. Der Zeitpunkt deiner Geburt ist also auch der Erscheinungszeitpunkt anderer Wesen, die mit denselben Energien ausgestattet werden wie du. Ebenfalls zur gleichen Zeit drücken sich die in dir verankerten kosmischen Kräfte durch bestimmte Gestirnsbewegungen am Himmel aus. Deshalb kann man durch die Aufzeichnung der Planetenstände Hinweise auf die in dir wirkenden Kräfte gewinnen.

Die Erfahrungen von Sternkundigen vieler Jahrhunderte geht in die Interpretation dieser Planetenkräfte ein. Ein guter Astrologe versteht die Prinzipien, die zu einem bestimmten Zeitpunkt wirksam sind. Er kann dir aufzeigen, wie diese Kräfte in dir wirken und auf welche Weise sie sich in deinem Charakter und in deinen Lebensumständen manifestieren. Durch seine Interpretation erhältst du Hinweise zur Selbsterkenntnis und kannst lernen, die in dir wirkenden Energien bestmöglich zu deiner aktiven Lebensgestaltung zu nutzen.

Zur Erstellung deines Horoskops braucht der Astrologe die genauen Daten deiner Geburt: Datum, Ort, Uhrzeit. (Die Geburtszeit erfährst du beim Standesamt deines Geburtsorts. Adressen qualifizierter Astrologen nennt dir: Deutscher Astrologen-Verband e.V.) Die komplizierte Errechnung der Planetenstände nimmt dem Astrologen heute der Computer ab, ebenso die Fertigung der Horoskop-Zeichnung. In einem Kreis von 360 Grad zeichnet er die 12 Tierkreiszeichen: Widder, Stier, Zwillinge, Krebs, Löwe, Jungfrau, Waage, Skorpion, Schütze, Steinbock, Wassermann, Fische. Nach einem bestimmten System teilt er den Kreis noch einmal in 12 Felder und trägt dann die 10 Indikatoren für die kosmischen Kräfte in den Kreis ein. Die Indikatoren entsprechen analog den Planeten bzw. Gestirnen: Sonne, Mond, Merkur, Venus, Mars, Jupiter, Saturn, Uranus, Neptun und Pluto.

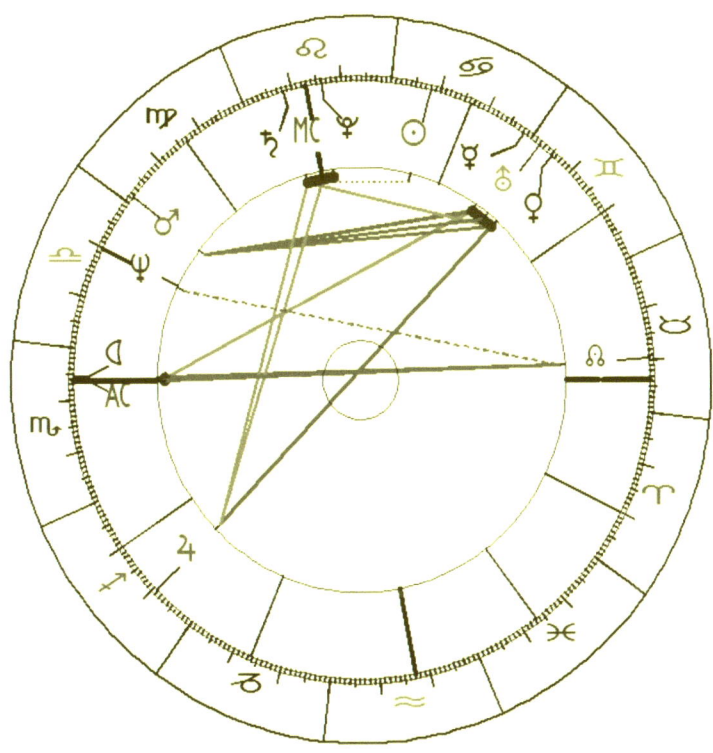

Zusätzlich gibt es weitere Indikatoren, die in ein Horoskop eingetragen werden, wie: Glückspunkte und transplutonische Planeten. (Das vorstehende Musterhoroskop berücksichtigt diese Details nicht.)

Zunächst wirst du mit diesen Angaben nicht viel anfangen können. Wenn du die Abbildung betrachtest, erkennst du sicher schon, dass ein Horoskop eine sehr komplizierte Sache ist. Man muss sich gründlich damit beschäftigen und braucht viele Jahre Studium, um die Zeichen sicher deuten zu können. Dann aber lassen sich viele Fragen zu deinem Leben daraus beantworten. Am besten, du bittest einen erfahrenen Astrologen darum, dir eine Persönlichkeitsanalyse zu erstellen. Er kann sich auf deine konkrete Lebenssituation einstellen und auf deine Fragen eingehen.

Viele Menschen erwarten von der Astrologie eine genaue Zukunftsvoraussage. Diese Art der Astrologie ist spekulativ und unsicher. Die Zukunft ergibt sich aus dem Zusammenwirken der kosmischen Kräfte und deinen inneren Entscheidungen. Kein Astrologe weiß vorher, wie du dich genau entwickeln wirst. Aber er kennt die kosmischen Energien und den Zeitpunkt, an dem sie wirksam werden. Diese Kenntnisse helfen dir, deinen bisherigen Lebensweg zu verstehen und deine Einstellung zu dir und anderen Menschen zu korrigieren. Du solltest darauf achten, dass dir der Astrologe vor allem die psychologische Situation deines Charakters erklärt und dir aufzeigt, wie du deine Anlagen und Talente besser entwickeln kannst.

Noch besser ist es, wenn du außerdem lernst, in deinem eigenen Horoskop zu lesen. Da du in der Bildmeditation geübt bist, kannst du mit Hilfe deines Inneren Wesens die für dich wichtigen Grundaspekte deines Horoskops meditativ auswerten. Mache dich mit der folgenden Anleitung gründlich vertraut, ehe du beginnst:

18. Übung:

Horoskop-Meditation

Du benötigst ein auf deine Geburtszeit korrekt errechnetes Horoskop und eine entsprechende Horoskopzeichnung. Darin findest du Zeichen und Zahlen, die dir in der Tabelle auf den Seite 116 - 118 wieder begegnen. Jedem Zeichen und jeder Zahl ist ein Begriff zugeordnet. Jeder Begriff ist ein symbolischer Ausdruck – eine Analogie – für die dahinter wirkende Kraft bzw. Energieform.

Beispiel:

⊙ Sonne als Planetenprinzip steht für Willenskraft. Sie symbolisiert den Lebenswillen und Ausdruckswillen.

♌ Löwe als Tierkreiszeichen zeigt an, in welchem Maße du fähig bist, gestaltend in der Welt zu wirken.

Die Willenskraft ⊙ Sonne ist dafür sehr wichtig, denn ohne Ausdruckswillen wirst du nichts hervorbringen können. Also sagt man in der Astrologie:

Die ⊙ Sonne beherrscht das Tierkreiszeichen ♌ Löwe.

Die Felder 1–12 im Horoskop zeigen die Lebensbereiche an, in denen eine Kraft wirksam wird.

Feld Nr. 5 ist der Lebensbereich des Zeichens ♌ Löwe, in dem sich die Gestaltungskraft und der Wille am besten manifestieren können. Deshalb ist das Feld Nr. 5 der Bereich des Selbstausdrucks.

Tabelle der astrologischen Symbole

1. Feld/Aszendent	Wirkung
Widder	impulsiv sein
Mars	handeln
2. Feld	Substanz
Stier	festhalten
Venus	fühlen
3. Feld	Austausch
Zwillinge	mitteilen
Merkur	denken
4. Feld	Verwurzelung
Krebs	sammeln
Mond	empfinden
5. Feld	Selbstausdruck
Löwe	gestalten
Sonne	wollen

♍ ☿	**6. Feld**	Dienst
	Jungfrau	einordnen
	Merkur	denken
♎ ♀	**7. Feld**	Partnerschaft
	Waage	begegnen
	Venus	fühlen
♏ ♇	**8. Feld**	Schicksal
	Skorpion	Macht ausüben
	Pluto	verwandeln
♐ ♃	**9. Feld**	Erkenntnis
	Schütze	zielstreben
	Jupiter	ausdehnen
♑ ♄	**10. Feld/Medium Coeli**	Lebensziel
	Steinbock	berufen sein
	Saturn	begrenzen

	11. Feld	Unterstützung
♒ ☉↑	Wassermann	befreien
	Uranus	verändern
	12. Feld	Verborgenes
♓ ☉↑	Fische	lösen
	Neptun	auflösen
☊	aufsteigender Mondknoten	binden
☋	absteigender Mondknoten	trennen

Ich empfehle dir, für jedes dieser Symbole eine kleine Meditationskarte aus den hinten im Buch beigefügten Vorlagen (Seite 181 bis 191) auszuschneiden. Wenn du alle Symbolbilder ausgeschnitten hast, kannst du mit einer einfachen Meditation beginnen.

Beispiel:

Der Aszendent zeigt an, welche persönliche Wirkung von dir auf andere Menschen ausgeht.

Im Musterhoroskop (Seite 113) steht der Aszendent = Feld 1 im Tierkreiszeichen ♏ Skorpion. Suche dir die entsprechende Symbolbilder: Feld 1/Aszendent und Skorpion.

Du erhältst zwei Begriffe, die du zu einem kurzen Meditationssatz umformulierst:

Begriffe: „Wirkung" und „Macht ausüben"

Formulierung: Ich wirke um Macht auszuübend.

oder: Ich übe Macht aus um zu wirken.

oder: Ich strebe mit Macht nach einer Wirkung.

Suche dir die Karten für deinen Aszendenten und kombiniere die Wörter zu einem Meditationssatz.

Setze dich in deine Meditationshaltung. Vertiefe dich in deinen Innenraum und spüre den Rhythmus deines Atems. Dann nimm den Meditationssatz in den Rhythmus des Atems hinein und lass ihn in dir wirken. Nach einiger Zeit tauchen Bilder und Gedankenassoziationen auf, die von dem Satz ausgelöst werden. Verfolge, was sich von selbst daraus entwickelt und behalte es im Bewusstsein.

Nach der Meditation notiere dir deine Eindrücke und lies ein paar Tage später nach. Wiederhole die Meditation, bis du spürst, dass du diese Konstellation deines Horoskops verstehen kannst. Dann nimm dir eine weitere Konstellation vor.

Wenn es bei dir im 1. Feld eine Planetenstellung gibt, ergänze die o.a. Meditation um ein weiteres Wort.

Beispiel:

Merkur steht im 1. Feld
im Zeichen Schütze,

dann könnte der Satz heißen:

Formulierung: Ich wirke durch mein zielstrebiges Denken.

Oder: Ich denke zielstrebig an meine Wirkung.

Oder: Ich denke über meine Wirkung und meine Ziele nach.

Auf diese Weise kannst du dein ganzes Horoskop meditativ erfahren. Es ergeben sich viele Kombinationsmöglichkeiten, so dass du dich wochen- und monatelang damit beschäftigen kannst. Ich empfehle dir diesen Weg der Selbsterkenntnis mit dem Horoskop, bevor du ein Astrologiebuch studierst. Wenn du schon einige Erfahrungen mit astrologischer Meditation gewonnen hast, wird es dir viel leichter fallen, das astrologische Denken und die Deutungsregeln zu verstehen. Du gewinnst dadurch auch die Fähigkeit, die Prinzipien des analogen Denkens anzuwenden. Später gelingt es dir dann auch ohne Weiteres, astrologische Konstellationen anderer Personen intuitiv zu erfassen. Dieser meditative Weg macht dir die astrologischen Prinzipien innerlich verfügbar, so dass du jederzeit darauf zurückgreifen kannst.

Ich bin davon überzeugt, es gelingt dir selbständig – also mit Hilfe deines Selbst –, die für dich richtigen Einsichten aus den Meditationen zu gewinnen. Dadurch wird die Astrologie zu einem Lebensschlüssel. Verwahre ihn gut in deinem Inneren! Deine Aufzeichnungen helfen dir, Zusammenhänge zu den Meditationen herzustellen, die du früher gemacht hast. Wenn du aufmerksam beobachtest, welche Persönlichkeitseigenschaften dir bereits in den Gesichtern aus dem Kristallspiegel aufgefallen sind, wirst du bald erkennen, worin dein Karma besteht.

Immer dann, wenn es dir sehr schwerfällt, inneren Zugang zu einer astrologischen Konstellation zu bekommen, hast du es wahrscheinlich mit einem Karma-Faktor zu tun. Daran erkennst du, welche inneren Strukturen dich bereits früher in Schwierigkeiten gebracht haben. Diesen Konstellationen solltest du besondere Aufmerksamkeit widmen. Wahrscheinlich hast du gerade dann keine Lust zu meditieren. Oder es gelingt dir schwerer, dich in dein Inneres zu vertiefen und es scheint dir, als ob dein Inneres Wesen weiter von dir entfernt ist als sonst. Unwiderstehliche Müdigkeit überkommt dich, oder du wirst nervös und gereizt. Freue dich, jetzt wird Selbsterkenntnis spannend!

Ähnlich wie beim Kampf mit dem Inneren Tier wirst du an dieser Stelle viele Widerstände in dir spüren und überwinden müssen. Wahrscheinlich wird auch die Außenwelt mit ihren Reizen und Ablenkungsmöglichkeiten dich wieder einfangen wollen. Es ist viel einfacher, sich mit der Umwelt und ihren Sorgen zu beschäftigen, als sich selbst auf die Spur zu kommen. Wenn du dich einem Thema deines Karmas innerlich näherst, wird es sich gleichzeitig durch Erlebnisse in der Außenwelt manifestieren. Nur sture Zielstrebigkeit und die ständig erneuerte Hinwendung zu deinem Inneren Wesen macht es dir schließlich möglich, den Sinn zu verstehen.

Um dir diesen Zusammenhang deutlich zu machen, erzähle ich dir, was Teilnehmer meines Kurses erlebt haben:

1. Beispiel: Mein Schüler meditiert über seine astrologische Konstellation: Mond (Empfinden) im Zwilling (Mitteilen) in Feld 12 (Verborgenes).

Formulierung: Ich teile Empfindungen verborgen mit.

In der Meditation fällt ihm ein Gesicht wieder ein, das er in seinem Kristallspiegel gesehen hatte. Er sieht sich als kleinen Jungen, der mit einer taubstummen Großmutter allein am Rand eines Dorfes lebt. Er verständigt sich wortlos mit ihr. Da kaum andere Menschen in ihr Haus kommen, findet er keine Möglichkeit, seine Gedanken mit anderen zu teilen.

Ein anderes Gesicht ist das eines alten, herrischen Gutsbesitzers, der durch einen Schlaganfall die Fähigkeit zu sprechen verliert. Er fühlt sich von der Familie zwar weiterhin liebevoll versorgt, aber er leidet Qualen, dass er keine Anweisungen mehr geben kann.

In diesem Leben fällt ihm auf, dass er vermeidet, anderen seine Wünsche zu sagen. Er verhält sich still und unaufdringlich, sehnt sich aber nach Verständnis. Als Erwachsener bringt er es nicht fertig, seiner Freundin seine intensiven Gefühle zu gestehen. Sie beklagt sich, dass sie nicht weiß, wie er wirklich zu ihr steht, und droht, sich von ihm zu trennen.

Während ihm in den Tagen seiner Meditation bewusst wird, dass er auf ein altes Verhaltensmuster gestoßen ist, bekommt er an seiner Arbeitsstelle eine neue Kollegin. Er erfährt, dass sie in die Stadt gezogen ist, damit ihr taubstummes Kind eine geeignete Schule besuchen kann. Sie schildert ihm die Schwierigkeiten, dieses Kind richtig zu verstehen. Er fühlt sich merkwürdig betroffen von ihrer Schilderung.

Abends liest er in einem Roman von einem Streit zwischen Eheleuten, die sich durch ein wochenlanges Schweigen gegenseitig quälen. Langsam begreift er, dass sich das Thema sowohl in ihm als auch außerhalb von ihm zeitgleich manifestiert.

2. Beispiel: Eine Frau meditiert die Konstellation: Mars (Handeln) im Steinbock (Berufung) in Feld 11 (Unterstützung).

Formulierung: Ich bin berufen, unterstützend zu handeln.

In der Meditation findet sie das Gesicht einer Wäscherin, die mit mehreren Frauen in einem Waschhaus bis zur völligen Erschöpfung arbeitet. Alle sind müde und überanstrengt. Sie selbst arbeitet besonders schnell, um die Wäsche ihrer kränklichen Schwester mitwaschen zu können, die sonst ihre Arbeit verlieren würde.

Ein anderes Spiegelbild zeigt sie als Mann, der nach einem kriegerischen Gefecht einen verwundeten Feind in einem Heuschober versteckt und ihn dort gesund zu pflegen versucht. Der Mann stirbt jedoch trotz aller Mühe. Sie selbst wird als Verräter von den eigenen Truppen gefangen und exekutiert.

Von diesem Leben erinnert sie, oft die Schulaufgaben für ihre Freundinnen geschrieben zu haben. Im Studium kommt sie immer mit Kommilitonen zusammen, die in einer komplizierten Lebenssituation stecken. Sie versucht nach Kräften, ihnen zu helfen.

Während sie über das Thema meditiert, zieht eine langjährige Freundin zu ihr, die sich mit ihrem Freund gestritten hat. Obwohl meine Schülerin nichts lieber täte, als sich intensiv mit ihrer Selbsterkenntnis zu beschäftigen, hört sie dem Kummer der Freundin nächtelang zu und macht Vorschläge zur Problemlösung. Gleichzeitig kommt ihre Mutter ins Krankenhaus und bittet sie, den Haushalt samt Großmutter, Hund und Kanarienvogel zu versorgen. Die Überforderungsgefühle stellen sich ein, ohne dass sie sich entschließen kann, ihre hilfreichen Taten einzustellen. Sie nimmt hin, dass sie eine Klausur verpatzt, weil die Zeit nicht dazu reicht, sich um ihre Studien zu kümmern. Langsam dämmert ihr, dass sie eine alte Verhaltensstruktur reproduziert.

Deine Lebensmuster sind sicher anderer Art. Finde sie selbständig – mit Hilfe deines Selbst – heraus! Klage dich nicht dafür an, sondern akzeptiere diese Struktur als deine persönliche Art, auf das Leben zu reagieren. Vielleicht ist es eine gute und sinnvolle Haltung. Prüfe, ob sie dir das Leben erleichtert oder erschwert.

Überlege dir, welche Alternativen es gibt. Dann nimm dir vor, mit den neuen Möglichkeiten zu experimentieren und deine Erfahrungen zu machen. Sei freundlich und nachsichtig mit dir, es kann nicht gleich gelingen! Lass dir Zeit, dich auszuprobieren, ehe du entscheidest, wie du ähnlichen Angelegenheiten zukünftig begegnen willst. Dein Inneres Wesen wird über die zarte Stimme in deinem Herzen anzeigen, was gut oder falsch für deine Entwicklung ist. Damit beginnst du, deine Kräfte neu zu ordnen und positiv auszurichten und du schaffst dir eine neue und bessere Zukunft.

Du siehst also, dass dein Karma durch deine wachsende Bewusstheit gelöst werden kann. Deine neuen Gefühle, Gedanken und Entscheidungen wirken sich nicht sofort sichtbar und spürbar aus, denn was du heute erlebst, wird noch durch dein vergangenes Karma bestimmt. Allmählich wirst du die Veränderungen jedoch bemerken. Vielleicht findest du nicht sofort die optimale Lösung. Lass dich davon nicht entmutigen, sondern ändere deine Haltung erneut. Wenn du deine vergangenen Taten kennst, kannst du die Wirkung auflösen. In der Gegenwart bist du noch der Sklave deines Karmas, in dem Moment, wo du dich selbst erkennst und verstehst, wie du dich in Schwierigkeiten gebracht hast, bist du frei für eine positive Zukunft. Der Weg steht offen und führt dich immer näher an dein Selbst heran, das du auf diese Weise besser kennenlernst.

Je weiter du in deiner Selbsterkenntnis fortschreitest, umso vertrauter wirst du mit dir selbst. Versöhne dich mit deinem Lebensweg und deinem Schicksal, dann bist du versöhnt mit deinem Selbst und du wirst immer deutlicher spüren, dass du eins bist mit dem Wesenkern, aus dem heraus du gewachsen bist und aus dem heraus du dein Leben lenkst und gestaltest.

9. Wegweiser

Erkenne deine Bewusstseinsstufe

Selbstbestimmung erweckt Bewusstseinsinhalte und Bewusstseinskräfte, die in jedem Menschen verborgen ruhen. Je weiter du in deiner Selbsterkenntnis fortschreitest, umso tiefer kommst du in Kontakt mit diesen inneren Kräften, die bisher in deinem Leben keinen oder nur geringen Einfluss ausgeübt haben. Deine Fähigkeiten, dich an Vergangenes zu erinnern und diese Einblicke für deine Gegenwart auszuwerten, werden kontinuierlich zunehmen. Deine Träume werden klarer und sie enthalten Informationen, die aus deinem Inneren Wesen in dein Bewusstsein aufsteigen. Wenn du mehr auf diese Träume achtest, wird es dir bald gelingen, ihre symbolische Botschaft zu verstehen. Deine zunehmende Wachheit wird sich auch in der Beziehung zu deinen Mitmenschen auswirken. Es gelingt dir besser, sie zu verstehen und dich auf sie einzustellen. Deine natürliche Intuition wird sich allmählich verstärken, so dass du feststellst, dass sich deine Ahnungen häufiger bewahrheiten.

Wenn du die Innere Wirklichkeit vernachlässigst und dich stärker auf die Ereignisse in der materiellen Welt ausrichtest, fließt deine ganze Bewusstseinskraft nach außen. Deine Lebenskräfte werden geschwächt, ohne dass du wirklichen Nutzen davon hast. Wenn du aber deine Aufmerksamkeit während des Tages häufig nach innen wendest und deine inneren Prozesse beachtest, fließt deine Bewusstseinsenergie wieder in die Zentren deines Energiekörpers zurück, anstatt sich in den alltäglichen Handlungen völlig zu verbrauchen. Dadurch gewinnst du Kräfte für deine physische Gesundheit und für deine geistig-seelische Entwicklung.

Jede Meditation fördert die innere Entwicklung, sofern du dabei sorgfältig vorgehst und die Regeln beachtest, die ich dir gegeben habe. Bei der Meditation beruhigt sich der Atem, die Atemzüge werden von selbst tief und regelmäßig. Dein physischer und energetischer Körper nehmen die stofflichen und die ätherischen Kräfte besser auf. Gleichzeitig beruhigt sich dein Gemüt; seelische Bedrückungen und Erregungen lösen sich auf und du fühlst dich ausgeglichener und leistungsfähiger. Meditation ist ein innerer Reinigungsvorgang, der körperliche und seelische Schlacken beseitigt und dein Wohlbefinden steigert. Das gilt besonders für Meditationen, in denen du dich nicht auf die Inhalte deiner Bilderwelt konzentrierst, sondern einfach nur still in dich hineinschaust.

Ich empfehle dir deshalb, neben deinen Visionären Meditationen regelmäßig eine einfache Meditation zur Reinigung deines Bewusstseins einzuschalten:

19. Übung:

Meditation der Inneren Stille

Nimm deine übliche Meditationshaltung ein und löse dein Bewusstsein von den äußeren Eindrücken. Du versenkst dich in deinen Inneren Raum, indem du das freie Fließen des Atems betrachtest. Lass jeden auftauchenden Gedanken und jedes innere Bild sofort wieder los, bis sich dein Kopfraum frei, hell und weit anfühlt. Diese Empfindung entsteht, wenn du beim Ausatmen dem Gefühl nachgibst, in deinen Inneren Raum hinein zu sinken. Sinke so lange, bis du dich in der Mitte angekommen fühlst und dort ohne einen Gedanken oder ein Bild zu verfolgen verharren kannst. Bleibe still in dir, solange es dir angenehm erscheint. Unterlasse jeden Zwang.

Dann tauche langsam aus dem Inneren auf, indem du dich mit dem Einatmen an die Bewusstseinsoberfläche tragen lässt. Unterbreche die Meditationen niemals abrupt, sondern bereite dich langsam darauf vor, der Außenwelt wieder zu begegnen. Erst wenn du dich dazu bereit fühlst, öffne die Augen.

Diese Meditation eignet sich für jede Lebenssituation. Sie hilft dir, bei dir selbst zu bleiben und dich nicht in den Aktivitäten des äußeren Lebens zu verlieren. Durch diese einfache Versenkung sammeln sich deine inneren Kräfte und ordnen sich. Zehn Minuten Meditation können so erholsam sein wie zwei Stunden Schlaf.

In diesem Buch beschäftigen wir uns bevorzugt mit der Visionären Meditation, damit du die Bildersprache deines Inneren Wesens erlernst und dein Inneres Wissen entdeckst. Wenn du die Übungen bisher gründlich durchgeführt hast, wird sich dein Bewusstsein bereits verändert haben. In der nächsten Meditation kannst du feststellen, auf welcher Bewusstseinsstufe du dich befindest.

20. Übung:

Die Bewusstseinspyramide

1. Nimm deine Meditationshaltung ein und versenke dich ins Innere. Stelle dir dann vor, dass du dich innerhalb einer großen Pyramide aus Licht befindest. Die quadratische Grundfläche der Pyramide scheint auf der Oberfläche der Erde zu stehen. Die Spitze ragt weit in den kosmischen Raum hinein.

Die Pyramide hat viele Etagen bzw. Ebenen; jede von ihnen strahlt in einem anderen Farbton. Die unteren Ebenen haben kräftigere Farben. Nach oben werden die Farben heller und enden schließlich in einem transparenten, weiß strahlenden Licht. Innerhalb der Pyramide führen Stufen von Ebene zu Ebene.

Spiegelbildlich führt eine gleiche Pyramide bis zum Mittelpunkt der Erde. Die Ebenen werden nach unten zunehmend dunkler und enden in einem tiefschwarzen Zentrum.

Stelle fest, zu welcher Ebene sich dein Bewusstsein hingezogen fühlt. Tauche in den entsprechenden Farbton ein und lass die Wirkung der Farbe auf dich geschehen.

Stelle weiter fest, ob dein Farbraum in der nach oben oder nach unten gerichteten Pyramide liegt. Spüre, ob du einen Sog nach unten oder einen Auftrieb nach oben wahrnehmen kannst.

Löse dein Bewusstsein aus dem Farbraum und schließe die Meditation langsam wie gewohnt ab.

Die Pyramide zeigt dir symbolisch deinen gegenwärtigen Bewusstseinszustand. Die nach oben gerichtete Pyramide symbolisiert den Wirkungsraum des Geistes – die nach unten gerichtete Pyramide stellt den Wirkungsraum der Materie dar.

Je tiefer du dich in der nach unten gerichteten Pyramide empfindest, umso stärker ist der Einfluss zerstörerischer Kräfte auf dich. Oberhalb der Grundlinie gewinnen die schöpferischen Energien mehr an Einfluss. Je höher du dich in der nach oben gerichteten Pyramide wahrnimmst, umso stärker bist du mit den schöpferischen Lebenskräften verbunden. Jedes auf der Erde lebende Wesen hat die Aufgabe, sein Bewusstsein zu entwickeln und seine Wahrnehmungsfähigkeit zu verfeinern. Je mehr dir das gelingt, umso heller wird der Bewusstseinsraum, der dich umgibt.

2. Geh in deinen Farbraum in der Bewusstseinspyramide. Besinne dich auf eine Person aus deinem Bekanntenkreis und fühle, ob du nach oben oder unten sehen musst, um sie wahrzunehmen. Dann nähere dich ihr langsam und vorsichtig, bis du dich in ihrem Farbraum befindest.

Beachte die Veränderung in deiner Stimmung und in deiner Körperempfindung, wenn du in ihre Sphäre hineinkommst. Registriere alle Beobachtungen, ohne auf irgendetwas Einfluss zu nehmen. Wenn du fühlst, dass du genug erfahren hast, wende deine Aufmerksamkeit wieder der Farbe und Ebene zu, aus der du gekommen bist. Warte ab, bis du wieder völlig in deinem Bewusstseinsraum angekommen bist. Dann beende langsam die Meditation.

Ich empfehle dir, zu diesen Meditationen viele Notizen zu machen. Deine Beobachtungen werden dir erst allmählich klar werden. Habe Geduld! Erinnere dich an dein Inneres Wesen und bitte um Erkenntnis. Nach einiger Übung kommen die Einsichten wie selbstverständlich in dein Bewusstsein.

Farben sind die beste Analogie, um Bewusstseinszustände und ihre Veränderung zu beschreiben. Du gewinnst durch die Meditation mit der Bewusstseinspyramide ein Symbolverständnis, das du auch auf andere Situationen übertragen kannst. Auf diesem Wege wirst du erfahren, was dich von anderen Menschen trennt und was dich mit ihnen verbindet. Du wirst merken, dass du dich am besten mit den Menschen verstehst, deren Bewusstsein in einem Farbraum liegt, der deinem sehr nahe ist. Dein Bewusstsein kann so beweglich werden, dass dir alle unter deinem Farbraum liegenden Bewusstseinsstufen vertraut werden. Das sind die Bereiche, die dein Bewusstsein auf seinem Entwicklungsweg kennengelernt und bereits hinter sich gelassen hat. Die gerade über dir liegende Stufe ist die nächste Station, die du durch deine Selbsterkenntnisarbeit erreichen wirst.

Wenn du deine Aufmerksamkeit auf die unteren Ebenen richtest, empfindest du wahrscheinlich einen Sog. Die unter deinen Stufen stehenden Wesen wenden sich um Rat und Hilfe nach oben. Das bedeutet jedoch nicht, dass sie minderwertiger sind als du, sondern es sind Seelen, die deine Hilfe brauchen. Für sie wirkt dein Bewusstsein heller und sie bemühen sich, deine ausstrahlende Energie für sich zu gewinnen. Deine Hinwendung gibt ihnen Kraft und Impulse für ihre nächsten Schritte. Sie fühlen sich durch den Kontakt mit deinem Bewusstsein geistig und psychisch gestärkt. Wenn du dem Sog ihres Verlangens zu lange nachgibst, versetzt du dein Bewusstsein auf die Ebene der Menschen, auf die du dich konzentrierst. Dadurch verlierst du mehr Kraft als gut für dich ist.

Jeder hat die geistige Verpflichtung, anderen Seelen beizustehen und sie in ihrer Entwicklung zu fördern. Du bist aber auch verantwortlich für das Maß der Energie, die du dabei einsetzt. Du solltest deine Kräfte nicht verausgaben, denn du brauchst sie, um die nächste Stufe deiner Entwicklung zu erreichen. Halte dich daher nicht zu lange auf niedrigen Bewusstseinsebenen auf, sondern beschränke dich darauf, kurze Informationsreisen in andere Bereiche zu unternehmen. Danach sammle immer wieder Kraft auf deiner Ebene und ruhe gründlich aus.

Dich umgeben im Alltag vor allem die Menschen der gleichen Bewusstseinsstufe und die, deren Stufe du bereits hinter dir gelassen hast. Mit ihren Sorgen und Problemen bist du bereits vertraut und sie kennen deine ebenfalls. So könnt ihr einander im Alltag beistehen. Aber sie können dir nicht dabei helfen, ein höheres Bewusstsein zu erreichen. Deshalb ist es wichtig, dass du dich vor allem auf die höheren Ebenen ausrichtest.

In den Bewusstseinsräumen über deiner Stufe halten sich die fortgeschrittenen Wesen auf. Du triffst im Alltag nur wenige von ihnen – also kommt es darauf an, dass du sie erkennst. Wenn du ihre Nähe suchst, werden sie unterstützend und fördernd auf dich einwirken. Manchmal wirst du es nicht bemerken, denn ihre Hilfe zeigt sich nicht unbedingt durch tatkräftigen Einsatz bei einem Problem. Sie geben dir Bewusstseinsenergie und geistige Impulse durch ein Gespräch oder indem sie einfach zur rechten Zeit am rechten Ort sind und dir zeigen, wie du das Problem selbst lösen kannst.

Über deiner Bewusstseinsstufe sind auch Wesen, die nicht körperlich auf der Erde in Erscheinung treten. Es sind die vom Karma erlösten Wesen und rein geistige Wesen, die niemals verkörpert waren, sondern als Engel kosmische Aufgaben erfüllen.

Weit über dir im weiß strahlenden Licht liegt das Bewusstseinszentrum des Schöpfers. Aus ihm strömt ewige, heilende und stärkende Bewusstseinskraft als Ton – das Wort – in den kosmischen Raum. Jedes Wesen, das sein Bewusstsein nach oben ausrichtet, empfängt diese schöpferische Energie.

Im Gegenpol – im schwarzen Zentrum – sammelt sich das am weitesten vom Schöpfer entfernte Bewusstsein. Auch darin befinden sich unverkörperte Wesen, die sich vom Schöpferbewusstsein abgesondert haben. Sie wirken unentwegt gegen die schöpferischen Prozesse und versuchen, möglichst viel Bewusstseinsenergie an das dunkle Zentrum zu binden.

Die Polarität von Licht und Finsternis ist eine Realität der geistigen Welt. Jedes geistig oder körperlich existierende Wesen gehört einem dieser Ströme an, das heißt, sein Bewusstsein fließt zum Schöpfer oder von ihm fort. Die polaren Energieströme sind die geistige Ursache für disharmonische materielle Manifestationen im Kosmos. Sie erzeugen Spannungen, die sich im Extremfall in kämpferischen Auseinandersetzungen äußern.

Du solltest in deinem Leben eine definitive Entscheidung treffen, wohin du dein Bewusstsein lenken willst. Schaust du abwärts, wirst du in die dunklen Energien gezogen. Wenn du aufwärts schaust, stärken dich die herabströmenden Energien und geben dir Kraft, Stufe um Stufe aufzusteigen und dich dem Schöpferbewusstsein zu nähern. Anfangs musst du dich sorgsam vor dem herabziehenden Sog in Acht nehmen. Je höher du kommst, umso schwächer wird er, bis du schließlich ohne Behinderung fortschreiten kannst.

Wenn der herabziehende Sog dich stark behindert, hast du vermutlich ungelöste Konflikte auf deiner früheren Stufe zurückgelassen. Das wird deine Bewusstseinsentwicklung bremsen und es geht aufwärts nicht mehr weiter. Es entsteht eine Energieblockade, die ständig ähnliche Konflikte erzeugt. Dann ist es notwendig, durch einen besonderen Klärungsprozess hindurchzugehen, um die störenden Energien in den tieferen Schichten aufzulösen. Wenn du dies merkst, solltest du unbedingt Hilfe suchen, zum Beispiel in einer spirituell orientierten Psychotherapie, durch eine esoterische Schulung oder Rückführungen. Mindestens brauchst du außer meiner Anleitung einen Meditationslehrer, der deine eigenen Bemühungen unterstützt und Fehlentwicklungen korrigiert.

Du kannst überall in Europa einen geistigen Lehrer finden, der entweder in einer östlichen oder einer westlichen Tradition steht. Die asiatischen Meditations- und Yogatechniken, die man im Westen erlernen kann, entstammen zumeist der hinduistischen oder buddhistischen Lebensphilosophie. Daneben findet man auch Lehrer, die einem islamischen Sufiorden angehören und andere, die sich auf indianischen oder afrikanischen Schamanismus berufen. Viele europäische Lehrer stehen dem Christentum nahe, ohne konfessionell gebunden zu sein. Wer das Innere Wissen gefunden hat, geht unabhängig von religiösen Dogmen seinen Weg.

Jeder geistige Lehrer ist aus gutem Grund von seiner Methode überzeugt und hat dir gewiss wertvolle Erfahrungen anzubieten. Manche von ihnen sind wirkliche geistige Meister, deren Bewusstsein ganz oben in der Pyramide zentriert ist. Sie können durch die von ihnen ausströmende, positive Energie und ihre geistige Klarheit dein Bewusstsein auf höhere Stufen transformieren. Es ist eine große Gnade, wenn du einem solchen Meister begegnest und von ihm lernen darfst. In jeder alten Weisheitslehre findet man Aspekte der kosmischen Wahrheit. Du kannst unbesorgt davon ausgehen, dass dich jeder Lehrer mit seinem Wissen beschenken möchte. Es ist ein geistiges Gesetz, dass alle Frauen und Männer, die Weisheit gefunden haben, sie an andere Menschen weitergeben müssen. Niemand darf kosmisches Wissen für sich allein verwenden, da er sonst sein Karma schwer belastet.

In Kulturen, die ihre Weisen durch Spenden und Dienstleistungen ehren, ist die kostenlose Belehrung üblich. Die geistigen Meister werden von ihren Schülern ernährt, gekleidet und es wird Sorge getragen, dass ihnen jeder Wunsch erfüllt wird. Die Schüler und Ratsuchenden wissen, dass das Wissen des Lehrers kostbarer ist als jede materielle Gabe, die sie ihm darbringen. Deshalb verehren sie ihren Meister mit tiefer Liebe und Hingabe. Sie bemühen sich, seine Güte durch Opfergaben, persönlichen Dienst und Dankgebete auszugleichen. Wenn du von einem solchen Meister lernst, bist du nach dem kosmischen Gesetz verpflichtet, später anderen Menschen zu dienen, und zwar so lange, bis du die Dienste des Lehrers ausgeglichen hast.

In der westlichen Kultur hat man das Gesetz des geistigen Ausgleichs fast vergessen. Es ist üblich geworden, jede Unterweisung mit Geld zu honorieren. Die geistigen Lehrer haben sich dieser Regelung angepasst, weil ihre Schüler den Sinn eines ausgleichenden Dienstes nicht mehr einsehen. Nach geistiger Wertauffassung gilt Geld als Materie, die keine schöpferische Kraft besitzt. Das bedeutet, dass sich eine Schulung durch einen Meister, der seine schöpferischen Energien auf den Schüler überträgt, nicht wirklich durch Geld ausgleichen lässt. Der Schüler empfängt lebendige Wirkungskräfte und gibt lediglich einen leblosen Stoff zurück. Trotzdem geben sich viele geistige Lehrer im Westen mit der Geldleistung zufrieden, denn ihnen liegt viel an dem geistigen Wachstum der Menschen. Einem Lehrer, der eine angemessene Geldsumme als Ausgleich für seine Dienste bekommt, bist du nicht weitergehend verpflichtet. Du kannst jederzeit in Freiheit wieder gehen, ohne weitere Konsequenzen zu befürchten. Wenn du dagegen von der Weisheit eines Lehrers profitieren willst, ohne seinen Dienst auszugleichen, gerätst du in eine karmische Verpflichtung, die dich an den Lehrer bindet.

Du wirst ebenfalls gebunden, wenn du dich einer rituellen Einweihung unterziehst. Manche geistigen Lehrer bieten eine Initiation an, ohne einen Ausgleich zu verlangen. Das klingt großzügig – du musst aber wissen, dass niemand geistige Kräfte empfangen kann, der nicht ausreichende Gegenleistungen erbracht hat. Die Initiation wird erst dann wirksam, wenn du entsprechende Gaben geopfert hast. Häufig besteht dieses Opfer aus symbolischen Handlungen und einfachen Gaben, die der Lehrer verlangt. Diese Symbole stehen für geistig-seelische Qualitäten, die der Schüler hingeben soll. Das dient der festen Bindung an die Person, die dich initiiert und an ihre geistige Tradition.

Eine Initiation ist wie eine gültige Unterschrift unter einen Vertrag. Auch wenn du die Regeln und die Zielrichtung, das Kleingedruckte, dieser Tradition nicht kennst, bindest du dich geistig daran und musst anschließend deren Bedingungen folgen. Du bindest dich meistens gleichzeitig an die verstorbenen Meister dieser Tradition und betrittst deren spirituelle Einflusssphäre. Das heißt: Du richtest dein Bewusstsein auf ein geistiges Kraftzentrum aus, das vom Moment der Initiation an auf dich Einfluss nehmen wird. Dieser Einfluss kann dich außerordentlich fördern – vorausgesetzt, dass er mit deinem vorgesehenen Lebensweg harmoniert.

Nicht jeder, der Unterweisungen anbietet, steht in einem hohen Bewusstsein. Es gibt auch Lehrer, deren Weg in die unteren Bewusstseinsebenen führt. Du solltest vor jeder Schulung oder Initiation unbedingt prüfen, ob der geistige Weg, den der Meister dir weisen will, wirklich dein Weg ist. Manche Lehrer aus anderen Kulturen unterstützen mit ihren Lehren den Weg, den ein Mensch gehen muss, der im Westen lebt – andere üben einen spirituellen und seelischen Zwang aus, der ihre Schüler abhängig macht und sie in Wahrheit daran hindert, sich zu entwickeln. Diese Unterscheidung ist oft nicht einfach. Ich empfehle dir, keine Bindung zu einem Lehrer aufzunehmen, wenn dein Inneres Wesen damit nicht einverstanden ist. Prüfe es in einer Meditation:

Übung 21:

Erkenne den Meister

Du gehst in der Meditation wieder in deinen Farbraum in der Bewusstseinspyramide. Besinne dich auf den geistigen Meister, den du als Lehrer wählen willst oder bereits gewählt hast. Stelle fest, ob du nach oben oder unten schauen musst, um seine Gestalt zu sehen.

Betrachte die Farbstrahlung, die ihn umgibt. Spüre, ob du dich wohlfühlst, wenn du dich ihm näherst. Bitte dein Inneres Wesen um klare Erkenntnis, ob ein Kontakt mit diesem Lehrer für dich förderlich ist. Beachte die Empfindungen in deinem Herzbereich.

Danke dem Meister für die Begegnung, bevor du sie beendest.

In deiner Vision wird sich zeigen, ob das innere Bild des Lehrers in einem helleren Licht strahlt als du. Du kannst nur von einem Lehrer profitieren, dessen geistige Strahlung heller oder mindestens so hell ist wie deine. Wenn das geistige Bild des Lehrers im Inneren Raum auf tieferer Ebene erscheint, ist er nicht geeignet, sondern wird deine Energie an sich ziehen, ohne dich zu fördern. Wenn seine Gestalt auf höherer Ebene zu dir deutlich größer erscheint, wird er dich fördern.

Falls du in dieser Meditation entdeckt hast, dass du dich bereits an einen Lehrer gebunden hast, der jetzt nicht mehr gut für dich ist, ist es notwendig, dich von ihm zu lösen, sonst wird deine Entwicklung blockiert.

Dies kann durch eine ausdrückliche Willenserklärung von dir geschehen. Eine solche Freisprechung ist jedoch nur dann wirksam, wenn du sie ehrlichen Herzens und mit ganzer Willenskraft durchführst. Die folgende Anleitung wird dir dabei helfen.

Übung 22:

Auflösung einer persönlichen Bindung

Versenke dich in die Vision der Pyramide und trete in Kontakt zu deinem Inneren Wesen. Teile ihm gedanklich deinen Entschluss mit, die Wirkung einer Initiation oder die Bindung an einen Menschen aufzulösen. Bitte um Unterstützung.

Nenne den Namen und stelle dir die Person, von der du dich trennen willst, in ihrem Farbraum vor. Besinne dich auf die Wohltaten, die du von diesem Menschen erfahren hast, und danke ihm dafür. Teile ihm gedanklich mit, wodurch er dich verärgert oder verletzt hat. Verzeihe ihm diese Taten und bitte ihn, dir ebenfalls alles zu verzeihen, womit du ihn verletzt hast. Verabschiede dich möglichst liebevoll, aber mit Bestimmtheit. Sage ihm gedanklich, dass du von nun an deinen Weg ohne ihn gehen wirst. Dann bitte dein Inneres Wesen, die Trennung im Namen Gottes zu vollziehen, und danke für die Erfüllung.

Die Lossprechung ist wirksam und der Lehrer wird zukünftig keinen Einfluss mehr auf dich ausüben können. Das gilt auch, wenn noch eine Schuld zwischen euch steht. Sie kann auf anderem Wege ausgeglichen werden. Das Leben wird dir oder ihm dazu Gelegenheit geben.

Diese Meditationen werden dir mehr innere Klarheit und Ruhe geben. Denke immer daran, ruhig und besonnen fortzuschreiten. Wenn du etwas zu beschleunigen versuchst, läufst du Gefahr, Stufen zu überspringen und später zurückzufallen. Jede Bewusstseinsstufe hat ihre eigene Energiequalität. Dein Nervensystem muss sich an die Höheren Bewusstseinszustände gewöhnen. Es passt sich nur langsam an neue Energieschwingungen an. Jede Eile provoziert Nervenkrisen und geistig-seelische Erschütterungen, die dich krank machen können. Bei sorgfältiger Beachtung der Anleitung und mit genügend Zeit wird deine Entwicklung harmonisch und positiv verlaufen. Jeder Schritt entspricht dann den natürlichen Prozessen deiner inneren und äußeren Natur. Dafür sorgt auch dein Inneres Wesen, das dir deutliche Signale sendet, wenn du die Übungen übertreibst. Wenn du dich auf die nächste Ebene ausgerichtet hast, werden auch die fortgeschrittenen Wesen auf dich schauen und dir warnende und fördernde Impulse senden. Du wirst spüren, dass du in der Gemeinschaft der geistigen Wesen gut aufgehoben bist und dich auf ihre Liebe und Unterstützung verlassen kannst. Deine Dankbarkeit ist die Antwort auf ihre Bemühungen, die ihnen zeigt, dass ihre Hilfe willkommen ist.

10. Wegweiser

Erkenne deine Lebensaufgabe

Du hast jetzt erfahren, dass der Weg zum Inneren Wissen nicht vorwärts, sondern aufwärtsführt. Er führt dich aus der Finsternis der Unbewusstheit in das strahlende Licht des schöpferischen Bewusstseins. Jedes Wesen auf der Erde und im ganzen Kosmos bewegt sich von Stufe zu Stufe in der Bewusstseinspyramide aufwärts. Alles, was du in der Welt sehen und anfassen kannst, ist die äußere materielle Gestalt eines Bewusstseinsfunkens, der seine Erfahrungen in einem physischen Körper macht, um an Bewusstseinskraft zuzunehmen.

Alle Formen des Lebens waren ursprünglich göttliche Energie, die von der Spitze der Pyramide, dem Bewusstseinszentrum Gottes, ausgestrahlt ist. Je weiter sich die Bewusstseinsenergie vom göttlichen Ursprung entfernt, umso eigenständiger und Ich-bewusster wird der Gottesfunken. Schließlich vergisst er seine Herkunft aus dem Gottesbewusstsein. Während er sich zuvor einfach als ICH BIN empfand und völlig einig mit dem göttlichen Willen reagierte, trennt er sich nun von dem Gottebewusstsein und erlebt sich als ICH WILL. Der erste unabhängige Wille, den ein Gottesfunken in sich spürt, bestimmt die Richtung seines weiteren Weges und bindet ihn an eine physische Erscheinungsform. Entsprechend der Art seines Willens bildet sein Bewusstsein eine körperliche Gestalt.

Das ICH-WILL-Bewusstsein ist grundsätzlich gegen die bestehende Ordnung gerichtet. Um sich vom göttlichen Bewusstsein unabhängig fühlen zu können, muss das Ich einen anderen Impuls entwickeln als den, der vom göttlichen Willen ausgeht. Die Widerwilligkeit gegen Gott erzeugt einen abwärts ziehenden Sog und versetzt das Bewusstsein auf eine niedrige Ebene in der Bewusstseinspyramide. Im Herabsinken verhärtet sich das Bewusstsein, verändert seine metaphysische Schwingungsqualität und verwandelt sich von Energie in Materie. Nicht umsonst nennen wir materielle Objekte „Gegenstand". Alle Dinge sind Energie im Zustand des Widerstands. Auch du existierst in deiner körperlichen Gestalt nur deshalb, weil in deinem Bewusstsein ein Gegenwille zum schöpferischen Willen verankert ist.

Manche Energiefunken verhärten sich so intensiv gegen den Schöpfer, dass sie in das Mineralreich der Erde eingehen und sich zu Stein oder Erz verdichten. Andere gehen in die Pflanzen- oder Tierwelt ein, je nach Qualität ihres Willens. Sie alle stehen dann auf den unteren Bewusstseinsstufen und gewinnen durch die physische Existenz Erfahrung und Bewusstseinserweiterung. Nach langer Zeit können sie die Qualität des menschlichen Bewusstseins erlangen. Andere Bewusstseinsfunken gehen direkt in eine menschliche Verkörperung und beginnen dort ihren Rückweg zum Gottesbewusstsein. Nur im menschlichen Körper kann das Bewusstsein die Klarheit darüber wiedergewinnen, dass es einstmals vom Bewusstseinszentrum des Schöpfers ausgegangen ist. Erst wenn du im menschlichen Bewusstsein deinen Widerwillen gegen den Schöpfer spürst und erkennst, dass du dich von Ihm abgesondert hast, steht dir der Rückweg zum höchsten Bewusstsein offen.

Diese Absonderung des individuellen Bewusstseins vom Gottesbewusstsein ist das, was die Religionen „Sünde" nennen (Absondern = Sünde). Durch deinen Unwillen gegen die Absichten Gottes bist du aus der Einheit mit ihm herausgefallen. Solange du nach deinem anstatt nach Seinem Willen handelst, bleibst du in Sünde – auch dann, wenn du im menschlichen Sinne gute Taten tust. Die menschlichen Maßstäbe von Gut und Böse haben dafür keine Bedeutung. Alles, was du ohne Bezug zum Schöpfer tust, ist deine eigenwillige Schöpfung und diese stört die göttliche Ordnung.

Durch den Eigenwillen aktivierst du die in dir wirkende schöpferische Energie. Sie beginnt, die Situationen und Dinge zu schaffen, die sich dein begrenztes menschliches Ich-Bewusstsein ausdenkt. Da deinem Ich-Bewusstsein der geistige Weitblick und die Einsicht in den Sinn der Schöpfung fehlt, fügen sich deine Eigenschöpfungen nicht harmonisch in den Schöpfungsplan ein. Wenn sich dein Wille verwirklicht hat, spürst du den disharmonischen Charakter der Ereignisse und beginnst, an ihnen zu leiden. Das ist dein Schicksal, das du dir gestaltet hast.

Nur durch eine bewusste Rückbindung an das göttliche Bewusstsein werden sich deine disharmonischen Schöpfungen auflösen.

Diese Betrachtungsweise mag dich schockieren. Sie entspricht in keiner Weise der wissenschaftlich-technischen Lebensanschauung des modernen Menschen. In unserer Zeit wird die Wirklichkeit Gottes kaum berücksichtigt, auch dann nicht, wenn Menschen sich als „gläubig" bezeichnen. Im Allgemeinen glaubt man, der Mensch solle ein starkes Ich-Bewusstsein entwickeln und lernen, seinen Willen durchzusetzen. Mit dieser Lebenshaltung verwandeln wir die schöpferischen Lebenskräfte in zerstörerische Energien und erzeugen Chaos und Leid. Die Naturordnung zerfällt durch die eigenwilligen Entscheidungen der Menschen.

Das Gesetz des Karmas wird einen Ausgleich in diesem oder in späteren Leben erzwingen. Das heißt, dass jeder die Früchte seiner Gedanken und Taten ernten wird. In diesem Sinne gibt es eine völlig unbestechliche Gesetzmäßigkeit von Ursache und Wirkung. Sie gilt sowohl für den Einzelnen als auch für die Völker. Alles, was du heute erlebst, hast du durch deinen abgesonderten Willen, dein Denken, Fühlen und Handeln in deiner Vergangenheit hervorgerufen. Dein Inneres Wesen weiß davon. Es bewahrt jede Entscheidung in der Schatzkammer deines Inneren Wissens auf. Und es wird in Übereinstimmung mit dem Schöpferwillen konsequent dafür sorgen, dass sich dein Karma erfüllt.

Zu der Erfüllung deines Schicksals gehört die unbedingte Einlösung aller gegen andere Wesen gerichteten Taten. Jeder von dir ausgehende Impuls, der andere Wesen in der Vergangenheit geschädigt oder verletzt hat, wird mit der gleichen Intensität zu dir zurückgeführt. Zu den Taten gehören auch deine feindseligen Gedanken und Gefühle, denn auch sie strömen aus deinem Energiekörper zu anderen Wesen und verletzen sie auf metaphysischem Wege. Jedes Unrecht, das du ausgelöst hast, wird dich eines Tages auf ähnliche Weise treffen. Zum Glück ist das Karmagesetz genauso konsequent im Ausgleich der sogenannten „guten Taten". Damit ist jedoch nicht das gemeint, was Menschen gutheißen, sondern das, was in Übereinstimmung mit dem göttlichen Willen gedacht und getan wurde.

Beispiel: Stelle dir vor, du wirst auf dem Wege zu einer wichtigen Verabredung Zeuge eines Unfalls. Eine dir unbekannte Frau wird angefahren. Einige Personen kümmern sich bereits darum. Du bist in Konflikt, ob deine Hilfe nötig ist. Andererseits weißt du, dass du die Person, mit der du verabredet bist, verpassen wirst, dass sie nur für die kurze Zeit einer Zwischenlandung am Flughafen Zeit für dich hat.

Du kannst davon ausgehen, dass du nicht zufällig Zeuge des Unfalls wirst. Er geht dich genauso viel an wie alle anderen Personen, die sich in der Nähe aufhalten. Praktisch verwirklicht sich auf undurchschaubare Weise das Karma verschiedener Menschen an dieser Stelle. Es liegt eine Herausforderung in diesem Ereignis. Mag sein, dass du dich in früheren Leben darum gedrückt hast, anderen in Not beizustehen. Jetzt gibt dir das Leben eine neue Gelegenheit.

Vielleicht aber liegt es in deinem Karma, dass du Absprachen nicht einhältst, weil dir scheinbar wichtigere Dinge dazwischenkommen. In dem Fall erkennst du nicht, dass du am Unfallort überflüssig bist, weil du gern jede Gelegenheit wahrnimmst, dich wichtig zu machen. Du solltest dich lieber bemühen, deinen Termin einzuhalten.

Die meisten Lebenssituationen sind mehrdeutig und es ist oft mit Nachdenken nicht klar erkennbar, wie du handeln solltest. Es genügt nicht, dich moralisch richtig oder den gesellschaftlichen Lebensregeln entsprechend zu verhalten. So kannst du deinem speziellen Karma nicht ohne Weiteres gerecht werden. Da aber dein Inneres Wesen in völliger Übereinstimmung mit dem göttlichen Willen steht, liegt die Lösung darin, dich beständig von deinem Selbst führen zu lassen. Es wird dich von Situation zu Situation geleiten und dir durch die leise Stimme in deinem Herzen anzeigen, wie du handeln musst, um dein Karma zu erfüllen.

23. Übung:

Die Entscheidung

Wenn du das nächste Mal vor eine Entscheidung gestellt bist, halte kurz inne und schließe deine Augen. Bitte in Gedanken dein Inneres Wesen um Beistand.

Dann visualisiere eine Waage mit zwei Schalen. Lege die Lösungsmöglichkeit in die linke Schale, zu der du gefühlsmäßig mehr tendierst. In die rechte Schale lege die Lösungsmöglichkeit, die dir vernünftiger erscheint. Dann warte ab, welche der Schalen nach unten geht. In dieser liegt im Augenblick die beste Entscheidung.

Danke deinem Inneren Wesen und handele entsprechend.

Bei dieser Übung ist es sehr wichtig, dass du die Entscheidung der Waage akzeptierst. Unterlasse jede nachträgliche Grübelei, auch wenn dir die Lösung nicht angenehm ist. Vermeide auch, dein Inneres Wesen noch einmal wegen der gleichen Angelegenheit zu befragen. Alle Zweifel, die du weiterhin hegst, lenken die Handlungsenergien in die falsche Richtung. Du verlierst Kraft zum Handeln und aktivierst zerstörerische Impulse bei den Personen, die in der Angelegenheit wichtig sind. Zweifel schneiden dich auch von der Hilfe deines Inneren Wesens ab. Dadurch wird dir die Situation misslingen, auch wenn du die richtige Lösung anwendest.

Die Erfüllung deines Karmas ist eine entscheidende Aufgabe in deinem Leben. Ehe du höhere Stufen der Bewusstseinspyramide erreichen kannst, müssen die von dir erzeugten Schicksalsprozesse zu Ende gelebt sein. Das bedeutet, dass sowohl alle positiven wie negativen Energien, die du ausgesendet hast, zu dir zurückkommen müssen. Sie treffen dich in den Ereignissen deiner Gegenwart und Zukunft. Alles, was andere Menschen dir zufügen, ihre Feindschaft und Freundschaft, ihr Unverständnis und ihre Güte, hast du zuvor den Menschen entgegengebracht. Da aber zwischen der von dir gesetzten Ursache und ihrer Wirkung lange Zeiträume – Jahrzehnte und sogar Jahrhunderte – liegen können, erscheinen dir die Taten der Menschen wie zufällig. Du erkennst meist nicht, dass sie dir nur zurückgeben, was du selbst gegeben hast.

Zur Erfüllung deines Karmas gehört die unbedingte Akzeptanz deiner Gegenwart. Es gibt kein zufälliges Glück oder Unglück. Alle Situationen deines Lebens und alle Begegnungen mit Menschen gehören zu deinem selbst erschaffenen Schicksal. Deshalb solltest du im Alltag versöhnlich werden und Böses nicht mit Bösem vergelten. Wenn du eine Verletzung durch einen anderen Menschen ohne Vorwurf und ohne Rachegefühle akzeptierst, nimmst du auch die Energie bereitwillig an, die einst vor dir ausgegangen ist. Damit ist dieser Teil deines Karmas vollendet. Wenn du dagegen zornig wirst, geht erneut feindselige Energie von dir aus, die du später zurückbekommst. Damit setzt du dieses Karma wieder in Kraft.

Viele Menschen sehnen sich nach Liebe und Verständnis. Sie hungern nach Aufmerksamkeit und fühlen sich einsam und leer ohne die Fürsorge ihrer Mitmenschen. Wer so empfindet, wartet immer vergeblich auf etwas, das ihm andere erfüllen sollen und er ist enttäuscht vom Leben. Nach geistigem Gesetz erleidet niemand ungerechterweise einen Nachteil oder Schaden. Da jedem Menschen schöpferische Lebenskraft innewohnt, besitzt er selbst alle Möglichkeiten, sein Schicksal positiv zu gestalten. Unglücklicherweise benutzt er diese schöpferische Kraft häufig falsch und leidet dann unter den Folgen.

Wenn du meinst, du könntest andere nicht lieben, weil sie dir Verständnis und aufrichtige Liebe schuldig geblieben sind, hast du dich in einen tragischen Irrtum verstrickt. Freundschaft und Liebe kommen dir nur dann entgegen, wenn du zuvor liebevoll und freundschaftlich gewesen bist. Auch Großzügigkeit wirst du nur erfahren, wenn du deinen Geiz aufgegeben hast. Niemand wird dich beschenken, wenn du mit leeren Händen zu anderen gehst. Wenn du bemerkst, dass andere dir Wünsche abschlagen, frage dich, wie oft du selbst Nein sagst. Deine eigene Launenhaftigkeit wird dir in deinen Mitmenschen begegnen, ebenso dein Ehrgeiz, dein Trotz, dein Neid und deine Missgunst.

Beginne also heute damit, den Menschen das entgegenzubringen, was du dir von ihnen wünschst! Es wird dir gut tun, allen Menschen freundlich, aufmerksam und liebevoll zu begegnen. Eine Zeitlang wird es so aussehen, als ob sie es nicht annehmen oder mit Frechheit, Nörgelei und Hartherzigkeit darauf antworten. Nimm es hin und bleibe bei deiner Freundlichkeit! Viel später wirst du merken, dass du viele feindselige Energien damit ausgelöscht hast. Immer mehr Menschen werden dir dann genauso positiv begegnen.

Wenn du gelernt hast, deine alltäglichen Situationen als deine eigene Schöpfung zu begreifen, hast du schon viel für die Lösung deines Karmas getan. Aber auch wenn du vorwiegend positive Energie aussendest, wirst du weiterhin Karma hervorbringen. Jeder Wunsch, jeder Gedanke, jedes intensive Gefühl sind der schöpferische Grundstoff für neue Lebenssituationen. Da du alle eigenen Schöpfungen erleben musst, erzwingst du auf diese Weise weitere Wiedergeburten auf der Erde.

145

Die Weisen Asiens haben verstanden, dass die schöpferischen Kräfte sowohl in positiver als auch negativer Form das Lebensrad antreiben und dass es nur dann ein Ende der Wiedergeburten gibt, wenn sich der Mensch davon enthält, Karma zu schaffen. Aus diesem Grund empfehlen sie dem Menschen auf dem Inneren Weg, auf den Gebrauch der schöpferischen Kräfte zu verzichten. Sie bieten Übungen zur Enthaltsamkeit (Askese) und zur Körperbeherrschung (Yoga Asanas) an, damit der Übende seine Triebhaltigkeit und seine seelische Wunschnatur überwindet. Es soll dadurch erreicht werden, dass der physische Körper bedürfnislos wird und das Bewusstsein nicht mehr zwingt, Energie zur Erfüllung der Bedürfnisse auszusenden.

Durch Selbstbeschränkung und Selbstbeherrschung sowie durch Erfüllung des alltäglichen Karma nimmt der Yogi all seine niedrige Energie in sich zurück, bis er schließlich nur noch die göttliche Kraft aus seinem Inneren Wesen – dem Selbst – ausströmt. Wer in diesen Zustand kommt, gilt als erleuchteter bzw. selbstverwirklichter Meister. In diesem Zustand verwirklicht er allein die Impulse aus seinem Selbst, nicht mehr aus seiner Ich-Person. Er ist vom menschlichen Bewusstsein zum Gottesbewusstsein transzendiert und erfüllt mit jedem Atemzug den Gotteswillen. Von den erleuchteten Meistern wird gesagt, dass sie mehr als ein Leben brauchen, um diesen Zustand zu erreichen. Sie praktizieren Selbsterkenntnis in vielen Leben und bemühen sich lange Zeit um die Entwicklung ihres Bewusstseins.

Der Innere Weg, den ich dir zeige, macht es dir möglich, einige Stufen zu diesem hohen Ziel voranzuschreiten. Denke jedoch daran, dass der Weg weit und ohne Anstrengungen nicht zu schaffen ist. Registriere deshalb auch kleine Fortschritte, damit du nicht entmutigt wirst. Dein Tagebuch hilft dir, zu erkennen, welche Klippen du bereits hinter dir gelassen hast. Lies einmal monatlich nach, was du in den letzten Wochen notiert hast. Dann lies deine Aufzeichnungen erneut am Ende des Jahres. Schreib dir übersichtlich auf, was du erreicht hast und freue dich darüber! Vor dir werden immer neue Fragen und Schwierigkeiten auftauchen. Es mag dir vorkommen, als ob es schwieriger anstatt leichter wird, je weiter du vorangehst. Sorge dich nicht darum – denn auch deine Fähigkeiten zur Problemlösung wachsen mit. Die Aufgaben werden nie größer sein, als du bewältigen kannst. Dein Inneres Wesen bestimmt die Schritte und führt dich sicher zur Lösung, wenn du ihm vertraust.

Wir haben bisher ganz allgemein von der Lösung deines Karmas gesprochen, aber dadurch weißt du noch nicht, welche besonderen Lernaufgaben in deinem persönlichen Leben liegen. Karma vollzieht sich nicht nur aufgrund deiner früheren Handlungen, sondern auch, damit du das Leben in seiner Fülle erfahren und verstehen lernen kannst. Aus diesem Grund beinhaltet dein Karma Aufgaben, die du lösen sollst, ehe du in deiner Bewusstseinsentwicklung fortschreiten kannst. Auch diese Lernaufgaben gehen aus deinem eigenen Wesen hervor – du selbst hast sie dir im Übergangszustand zwischen zwei Leben ausgesucht und dich entschlossen, das Notwendige zu tun, um sie zu lösen.

Noch im Mutterlieb wusstest du von deinen Lernaufgaben, doch nach der Geburt ist dir die Erinnerung daran immer mehr verloren gegangen. Dein Inneres Wesen bewahrt das Wissen darum in deinem Herzen und führt dich sanft zur Erfüllung dieser Aufgabe, wenn du dich seiner Führung anvertraust. Da du dich im Ich-Bewusstsein jedoch nicht daran erinnerst, verspürst du manchmal die Neigung, der Lernaufgabe auszuweichen und das leichte, problemlose Leben vorzuziehen. Du hast Angst vor Komplikationen und verdrängst Probleme möglichst aus deinem Bewusstsein. Dadurch zwingst du dein Inneres Wesen dazu, dich durch Leid und Schmerz daran zu erinnern. Immer, wenn du leidest, hast du den wirklichen Kontakt zu deinem Selbst verloren und bist im Begriff, dich einer Lebensaufgabe zu entziehen.

Der richtige Weg führt auf die Schwierigkeiten zu und durch sie hindurch. Wenn du ihnen auszuweichen versuchst, werden sie größer und scheinen dich zu verfolgen. Am schnellsten erreichst du dein Ziel, indem du Probleme, die sich dir stellen, als Herausforderungen zum Lernen begreifst. In diesem Fall kommt dir die volle Unterstützung deines Selbst zugute. Dein Inneres Wesen wird dir die Kraft geben, dass du die Aufgabe lösen kannst.

24. Übung:

Erkenne deine Lebensaufgabe

Setze dich zur Meditation und versenke dich in dein Inneres.

Besinne dich auf eine Frage oder eine Situation, die für dich ein Problem darstellt. Bitte dein Inneres Wesen um eine Vision zu dem Thema. Lass zu, dass sich das Innere Bild selbstständig entwickelt, und warte ab, bis das Bild zur Ruhe kommt.

Dann stelle deinem Inneren Wesen gedanklich die Frage: Was soll ich daraus lernen?

Erwarte die Antwort. Sie wird durch eine Fortsetzung der Vision oder als gedanklicher Impuls aus deinem Inneren aufsteigen.

Falls die Antwort ausbleibt, wiederhole die Meditation in den nächsten Tagen mehrmals. Achte außerdem auf die Einfälle, die dir während des Tages durch den Kopf gehen. Manchmal empfindest du während eines Gesprächs oder durch eine Radiosendung einen Impuls im Herzen, durch den du auf die Antwort hingewiesen wirst, die sich darin verbirgt. Beantworte die Hilfe durch einen Dank.

Alle Situationen, die dich ärgern oder dir besonders nahegehen, können auf diese Weise meditativ von dir betrachtet werden. In den Visionen entwickeln sich überraschende und kreative Lösungen für die meisten Lebensfragen. Dein Inneres Wesen weiß Wege, die deinem Ich-Bewusstsein unbekannt sind. Es schöpft aus der Quelle des höchsten Bewusstseins. Durch dein Selbst bist du an den Strom göttlicher Weisheit angeschlossen, die dir sogar für deine persönliche Problemlösung zur Verfügung steht. Ist das nicht Grund genug, eine tiefe Dankbarkeit für den Schöpfer zu empfinden?

Die Lösung deines Karmas und deiner besonderen Lernaufgaben dieses Lebens liegen tatsächlich in der Kraft Gottes, die ohne Unterlass seit ewigen Zeiten von seinem Bewusstseinszentrum ausströmt. Dein Selbst ist aus diesem Zentrum hervorgegangen und existiert nur durch den göttlichen Willen. Dieser Wille des Schöpfers wirkt unablässig direkt auf dein Inneres Wesen ein; denn in Wahrheit ist es ja Sein Lichtfunke, den er ständig neu belebt!

Dein Selbst ist die Brücke zu deinem Schöpfer, der dir auf ihr entgegenkommt, wenn du dein Inneres Wesen ernst nimmst und aus seiner Führung leben lernst. Dann werden sich die schöpferischen Energien in dir neu ausrichten und dein negatives Karma auflösen. Allmählich wirst du einsichtig und lernst, deinen Eigenwillen auf den Schöpferwillen abzustimmen. In dem Maße, wie das geschieht, wird dein Leben harmonischer und wahrhaftiger werden. Du kehrst in die natürliche Ordnung des Lebens zurück und gewinnst inneren Frieden und Harmonie.

11. Wegweiser

Gestalte deine Zukunft

Der Weg, den wir bisher zusammen gegangen sind, hat dich mit den geistigen Bedingungen deines bisherigen Lebens und deiner früheren Leben vertraut gemacht. Du hast erfahren, dass dein Körper die vorübergehende Wohnstätte des Geistfunkens ist, der du bist. Dein Inneres Wesen ist göttlicher Natur, denn es ist ursprünglich aus dem Bewusstsein Gottes geströmt. Auf deinem Weg durch viele Leben hast du deine Identität mit diesem geistigen Selbst vergessen und irrtümlich geglaubt, du wärst der menschliche Leib. Dadurch hast du die innere Verbindung zu deinem Schöpfer und Seine göttliche Führung verloren. Du hast gelernt, dich als eigenständiges Individuum zu verstehen und einen starken Eigenwillen ausgebildet, der dem Willen deines göttlichen Selbst zuwiderläuft.

Aufgrund deiner Verwandtschaft mit Gott besitzt du alle schöpferischen Qualitäten, die Ihm eigen sind. Allerdings sind Sein Bewusstsein und Seine Kraft viel umfassender: Er umschließt alle Existenzformen und belebt alle Wesen ebenso wie dich. Alles lebt innerhalb seines Bewusstseinsraumes.

Das Bild der Bewusstseinspyramide symbolisiert den Wirkungsraum Gottes. Seine Bewusstseinskraft ist überall in der doppelten Pyramide anwesend und jedes Wesen neben, über und unter dir ist ebenfalls göttlich. Die innere Ordnung der Wesen wird durch die Klarheit ihres Bewusstseins und ihrer bewussten Nähe zum Zentrum Gottes an der Pyramidenspitze bestimmt. Diejenigen, deren Ich-Bewusstsein Gott leugnet oder die feindlich gegen den Schöpfer eingestellt sind, nehmen einen entfernten Platz in der abwärtsgerichteten Pyramide ein. Die anderen, die Sehnsucht verspüren, sich der Verbindung zu Gott bewusst zu werden, stehen in der Nähe der Pyramidenbasis. Und jene, sie sich aktiv um Selbsterkenntnis und Bewusstseinsentwicklung bemühen, steigen langsam die

Stufen zum höchsten Bewusstsein hinauf. Dies ist der Weg zum Inneren Wissen.

Du bist in Kontakt getreten mit deinem Inneren göttlichen Wesen und hast seine Führung erbeten und angenommen. Dadurch wird dir gleichzeitig die Unterstützung der Wesen zuteil, die bereits näher zum Schöpfer stehen. Ihre Energie strömt zu dir herab, stärkt dich und fördert deine Bemühungen. Ebenso förderst du automatisch jedes Wesen, das nach dir aufsteigt. Dein Fortschritt ist von großem Nutzen für diejenigen, die unbewusster leben als du. Wenn ich dich also aufgefordert habe, dich von den Menschen zu lösen, die deine Entwicklung behindern, dann hatte ich dies dabei im Sinn. Menschen neigen dazu, einander auf der gleichen Stufe festzuhalten, denn der Innere Weg ist ein anstrengender Aufstieg und Bewusstwerdung tut oft weh.

Die Menschen auf deiner Stufe haben vorübergehend etwa die gleiche Bewusstseinsqualität oder Energieschwingung wie du und mit ihnen fühlst du dich sehr wohl und verbunden. Wenn dein Bewusstsein klarer und feiner wird, erhöht sich deine Schwingung und du fühlst dich in ihrer Nähe nicht mehr glücklich. Trotzdem sind sie natürlich weiterhin wertvolle Mitwirkende in der göttlichen Ordnung. Löse dich deshalb möglichst ohne Kampf und Streit von ihnen und bleibe in deinem Herzen liebevoll mit ihnen verbunden. Du kannst mit ihnen zusammenkommen, wenn du akzeptierst, dass es weniger Harmonie und Übereinstimmung in eurem Leben geben wird als zuvor.

Alle Personen unterhalb deiner Stufe erscheinen dir dunkler und es wird dich anstrengen, mit ihnen zusammenzusein. Beachte jedoch, dass dieser Umstand nichts über den Wert dieser Wesen in der Gesamtordnung aussagt. Niemand, der fortgeschrittener ist, ist dadurch moralisch oder sonst wie wertvoller. Alle sind göttlich und das Göttliche erfährt keine Minderung und keine Steigerung durch die Stufe, die es gerade durchläuft. Ein Tier ist ebenso wertvoll wie du, denn das göttliche Bewusstsein hat sich nur vorübergehend im Leib eines Tieres manifestiert, um bestimmte Erfahrungen zu sammeln. Es ist das gleiche Bewusstsein wie in deinem Inneren Wesen. Das Göttliche ist unwandelbar gleich in jedem Wesen und in jedem Objekt, sogar in einem Stein verbirgt sich göttliches Bewusstsein. Die Wesen unterscheiden sich nur im Grad des Ich-Bewusstseins, das mehr oder weniger eng mit dem göttlichen Selbst zusammenwirkt.

Da du nun eine enge Verbindung zwischen deinem Ich-Bewusstsein und deinem Selbst hergestellt hast, wirst du umso leichter aufwärtssteigen und viele Menschen innerlich hinter dir lassen. Im äußeren Leben brauchst du dich jedoch nicht von ihnen zu trennen. Es ändert sich nur die Art eures Verhältnisses zueinander. Die innere Nähe bekommt eine andere Intensität und Qualität.

Je klarer dein Bewusstsein wird, umso größer wird deine Verantwortung für die Gesamtordnung. Du wirst in der Wirklichkeit deines Alltags bewusster sein und genauer wahrnehmen, was die göttliche Ordnung fördert und was sie stört. Es wird dir im Herzen wehtun, wenn du im Begriff bist, aus deinem abgesonderten Eigenwillen zu handeln und so die Ordnung zu verlassen. Ebenso schmerzt es dich, wenn du miterlebst, dass andere Wesen gegen die natürliche Ordnung verstoßen. Aus diesem Grund kann es zwischen dir und deinen Mitmenschen offene oder versteckte Konflikte geben.

Obgleich alle Wesen göttlicher Natur sind, geraten sie oft in Widerspruch zueinander. Diejenigen, die ihre göttliche Herkunft vergessen haben, grenzen sich gegenseitig ab und kämpfen um die beste Position in ihrem Lebensraum. Sie fürchten die Zerstörung ihres Ich durch andere, weil sie den anderen nicht als göttlichen Bruder wahrnehmen können. In diesen Kampf werden auch die Wesen hineingezogen, die nicht kämpfen wollen, sondern andere als Gleiche akzeptieren und fördern.

Aus dem höchsten Punkt der Pyramide strömt die Bewusstseinsenergie, die den Willen Gottes für den Kosmos zu
allen Wesen transportiert. Durch das Einverständnis der Wesen mit diesem Willen gestaltet sich das Leben im geistigen
Raum der nach oben gerichteten Pyramide. Da jedoch viele
Wesen ihr Einverständnis verweigern, gestalten sie zusammen eine andere Wirklichkeit: die Welt der Materie. Dieser
Bereich wird durch die nach unten gerichtete Pyramide symbolisiert. Die dort wirkenden Wesen benutzen die gleiche
Lichtkraft, die vom Zentrum Gottes ausgestrahlt ist, um die
Wirklichkeit materieller Erscheinungen zu gestalten. Dein Eigenwille hat an der sichtbaren Wirklichkeit mitgestaltet und
deshalb musst du die Welt in einem materiellen Zustand erfahren. Mit deinen Gefühlen, Gedanken und Entscheidungen hast
du dich in die Welt der Materie verstrickt. Zusammen mit anderen eigenwilligen Wesen konstruierst du das Leben und Leiden des Planeten Erde.

Alles, was du in diesem Leben bisher erlebt hast, ist das Ergebnis eigenwilligen Gebrauchs der schöpferischen Kräfte.
Man kann sagen, dass die Menschen Gott seiner Schöpfung
berauben und sie nach Lust und Laune zur Befriedigung ihres
Eigenwillens nutzen. Nur wenige Menschen leben unter uns,
die den Gotteswillen in sich spüren und zu verwirklichen versuchen. Die Macht des Gegenwillens ist jedoch derzeitig sehr
stark. In der christlichen Vorstellungswelt, von der du wahrscheinlich geprägt worden bist, wird der Gegenwille als der
Gegenspieler Gottes, oder der Teufel, bezeichnet. Der Teufel
ist das Wesen, das den intensivsten Gegenwillen aufrechter-
hält. Er erhält seine dämonische Kraft durch die Absonderung
der Menschen von ihrem Schöpfer und bindet ihre göttliche
Energie an die Spitze der nach unten zeigenden Pyramide.
Von dort aus versucht er die Welt der Materie nach seinen
Vorstellungen zu gestalten.

Du musst wissen, dass jeder in dir entstehende antigöttliche
Impuls die Lichtenergie in die untere Pyramide lenkt und den
dämonischen Kräften zuführt. Sie wenden diese Energie ge-

gen alles, was die Lichtwesen nach Gottes Willen gestalten wollen. Dieser Kampf zwischen Lichtwesen und dämonischen Wesen tobt seit Beginn der Schöpfung und kann nur durch den Menschen entschieden werden. Jeder ist als selbstbewusstes Wesen daher in höchstem Maße für die rechte Verwendung schöpferischer Energie verantwortlich. Deine Zukunft und die der Gesamtmenschheit hängt davon ab, wie viel von der schöpferischen Lebensenergie in Materie verwandelt wird.

Materie entsteht also aus Bewusstseinsenergie, die der Lenkung durch den göttlichen Willen entzogen ist. Insofern ist Materie eigentlich auch göttlich. Sie bekommt dämonische Eigenschaften, wenn ihr der schöpferische Geist untergeordnet wird. Wenn Materie als einzige Realität begriffen wird und Geist als Produkt materieller Prozesse, entsteht die Vorstellungswelt des Materialismus. Das ist die heute übliche Weltanschauung, die die Freisetzung dämonischer Energie fördert. Die zeitgenössischen Menschen erwarten ihr Glück und ihr Heil von den Objekten, nicht vom Geist oder Gott. Ihre gesamte Bewusstseinsenergie verwenden die ICH-WILL-Menschen auf den Erwerb und die Gestaltung von Materie. Dadurch fließt ihre Bewusstseinskraft unaufhörlich in materielle Dinge und stärkt ihre Anziehungskraft. Je mehr du dich für materielle Dinge, ihren Aufbau, ihre Eigenart und ihre Beschaffenheit interessierst, umso mehr bindest du dein Bewusstsein an die Materie. Dadurch setzt du die dämonische Wirkung der Materie in Kraft.

Wenn du dich dagegen auf den Geist ausrichtest und die inneren Prozesse beobachtest, löst du dein Bewusstsein von der Verhaftung an die Materie. Anstatt deine schöpferischen Kräfte in den Dienst des Gegenwillen zu stellen und immer neue materielle Objekte zu verlangen und zu erschaffen, führst du in der Meditation die schöpferische Energie zu deinem Wesenszentrum zurück, damit dein Selbst darüber im Sinne Gottes verfügen kann. Deine Konzentration auf dein Inneres Wesen führt also Bewusstseinsenergie in die Verfügung Gottes zurück. Meditation ist deshalb ein Weg, Gott die Herrschaft über seine Schöpfung wieder zu überlassen.

Damit verändert sich zwar nicht unmittelbar deine Gegenwart; denn diese hast du bereits in der Vergangenheit gestaltet. Aber es eröffnet sich dir eine großartige Zukunft. Je mehr du deine Bewusstseinskraft aus dem Ich-Bewusstsein löst und dich deinem Selbst anvertraust, umso mehr beginnt der Gotteswille in deinem Leben zu wirken. Deine Zukunft in diesem und im nächsten Leben wird entscheidend davon abhängen, in welchem Maße der Göttliche Wille dein Wille wird.

Wille ist die göttliche Urqualität, durch die der Schöpfer Licht und Leben aus dir hervorbringt. Alles, was aus ihm hervorgeht, besitzt die Fähigkeit, zu wollen. Die Wesen, die in der Einheit mit dem Schöpfer verbleiben, erfahren diesen Willen als widerspruchslose Zustimmung zu jedem göttlichen Impuls. Diese ausschließlich geistigen Wesen nennen wir Lichtwesen. In der christlichen Vorstellung heißen sie Engel.

Der zustimmende Wille birgt sein Gegenteil in sich – also die Möglichkeit, die Einheit mit Gott zu verlassen und das Willenspotential zu eigenwilligen Zwecken zu benutzen. In dem Moment, in dem Lichtwesen diese Möglichkeit wahrnehmen und ihre eigene Entscheidung treffen, fällt ein Schatten auf ihre Lichtnatur und sie beginnen zu fallen. Sie sinken auf eine tiefere Ebene in der Bewusstseinspyramide. Je nach Intensität ihres Eigenwillens geraten sie in eine materielle Verkörperung hinein. Dann beginnt auch für sie das Rad der Wiedergeburt. Sie müssen so viele Inkarnationen erleben, bis sie ihren Eigenwillen wieder aufgeben und in die bewusste, freiwillige Einheit mit Gott zurückkehren.

Da jeder Gegenwille automatisch in die Materie hineinführt, ist eine Loslösung vom Zwang der Wiedergeburt nur über die Vereinigung mit dem Schöpfer möglich. Solange du deine gesamte Bewusstseins- und Willenskraft auf die materielle Welt ausrichtest und dich mit immer neuen Wünschen an sie bindest, bleibst du gezwungen, wiedergeboren zu werden. Du wirst auch immer wieder leiden, denn die materielle Realität schmerzt dein Inneres Wesen. Es sehnt sich nach der Vereinigung mit dem göttlichen Ursprung und führt dich in Probleme und Leid hinein, damit sich dein Ich-Bewusstsein schließlich für die Rückkehr zum Schöpfer entscheidet.

Die Freiheit des Willens besteht nur in der Wahl, ob du nach dem Gottes- oder nach dem Eigenwillen handelst. Dein Eigenwille führt dich in eine Verkörperung – die Vereinigung mit dem Schöpfer löst dich aus der Welt und macht dich zu einem Lichtwesen. Die einzelnen Situationen unterliegen nicht deiner freien Wahl. Sie ergeben sich gesetzmäßig aus deinen Gedanken, Gefühlen und Entscheidungen. Jede Situation ist auf den Zustand deines Ich-Bewusstseins abgestimmt und muss von dir erlebt und erlitten werden. Wenn du deinen Ich-Willen überwindest und dein Inneres Wesen zu fragen beginnst: Was sollte ich nach göttlichem Willen tun?, beginnt eine neue Zukunft für dich.

Zunächst wirken deine alten Eigenschöpfungen weiter und es sieht so aus, als ob du aus den Schwierigkeiten nicht herauskommst. Vielleicht zweifelst du dann an deinem Inneren Wesen, an mir und an deinem Schöpfer. Sei achtsam: Im Zweifel liegt erneut die Gefahr, deinen Willen abzusondern und in deiner Entwicklung zurückzufallen! Die materielle Wirklichkeit übt einen seltsamen Sog auf dein Bewusstsein aus und zwingt dir Vorstellungen auf, die dir suggerieren, dass der geistige Weg falsch ist. Auch dein Körper rebelliert gegen deine Rückbesinnung auf den Schöpfer; denn im materiellen Leib hat sich der Gegenwille verankert. Es kann zu einem längeren inneren Kampf kommen, bis sich der Gegenwille immer mehr in einen positiven Willen verwandelt. Erst dann wirken die Lichtkräfte in dir und gestalten eine helle, harmonische Zukunft für dich.

Ich empfehle dir, diesen Prozess durch folgende Meditation zu unterstützen:

25. Übung:

Ich will-Meditation

Nimm deine Meditationshaltung ein und versenke dich. Wenn dein Atem ruhig und gleichmäßig fließt, denke abwechselnd an die Aussagen:

Ich will – ich will nicht – ich will – ich will nicht – ich will – ich will nicht – usw.

Stelle fest, welcher Satzteil im Augenblick besser zu deiner inneren Verfassung passt. Lass dann nur diesen Satz in dir weiterwirken. Wiederhole ihn im Rhythmus deines Atems und lass alle Gefühle fließen, die dabei wachgerufen werden. Beobachte deine Körperreaktionen.

Wahrscheinlich wirst du dich mehr zum „Ich will nicht" hingezogen fühlen. Meditiere diese Aussage jeden Tag und notiere deine Beobachtungen. Zwinge dich nicht, „Ich will" zu denken, wenn du dich dabei unwohl fühlst. Gib deiner Unlust und deiner inneren Unwilligkeit nach und lerne sie gründlich kennen. Es werden dir Dinge, Menschen und Situationen einfallen, gegen die dein Wille gerichtet ist. Es kann auch sein, dass du einfach nicht existieren willst. Stelle fest, was du nicht willst, und akzeptiere deine Haltung vorerst.

Wenn du fühlst, dass du das „Ich will nicht" ausgeschöpft hast, taste dich in der Meditation langsam an die Aussage „Ich will" heran. Lass dir Tage oder Wochen Zeit. Es hat keine Eile. Irgendwann wirst du fühlen, dass du das „Ich will nicht" hinter dir zurücklassen kannst. Bitte dein Selbst um Unterstützung und es wird dir helfen, den Willen neu zu bestimmen.

Die positive Ausrichtung des Willens ist außerordentlich wichtig für deinen geistigen Fortschritt. Ein verneinender Wille wirkt immer destruktiv, denn er verwandelt die positive schöpferische Energie in zerstörerische Kraft. Das geschieht sogar dann, wenn es dir richtig und gut erscheint, etwas abzulehnen.

Beispiele:

1. Wenn du denkst und sagst, dass du gegen den Krieg bist, steckst du im Gegenwillen fest. Deine schöpferische Bewusstseinsenergie verbindet sich mit den Gedanken der Menschen, die den Krieg wollen und die kämpfen, und unterstützt das, was du ablehnst.

Dein Wille wird positiv, wenn du den Gedanken an Krieg völlig loslässt und tief in dir fühlst: Ich will Frieden. Diese einfache und klare Feststellung setzt die schöpferischen Kräfte in Bewegung und sie fördern die Entwicklung des Friedens in der Welt.

2. Wenn du Angst hast, irgendwann an einer schweren und tödlichen Krankheit zu erkranken, setzt sich der Gedanke in deinem Kopf fest: Ich will nicht krank sein – ich will nicht sterben! Immer wenn du von jemandem hörst, der krank ist, verstärkt sich dieser Gedanke und damit auch die Angst, dass es dich treffen könnte. Auf diese Weise richtest du deine schöpferische Energie auf den Gedanken: krank sein und sterben zu müssen. Er beginnt langsam, die befürchtete Krankheit zu gestalten.

Du bleibst nur dann gesund, wenn du deine Gedanken und Gefühle auf Gesundheit ausrichtest, indem du denkst: Ich will gesund sein – ich will leben!

Dein positiver Wille wirkt umso stärker, je intensiver deine Gefühle im Herzen dabei sind. Du weißt ja schon, wie sich die Zustimmung deines Inneren Wesens im Herzen anfühlt. Wenn dein Wille mit dem göttlichen Willen übereinstimmt, geht ein starker belebender Energiestrom durch dein Herz und macht dich weit, lebendig und glücklich. Du spürst, dass dein Wille in einem größeren Willen aufgeht, und fühlst dich erfüllt von Licht und Wärme. Diese Erfahrung ist der Beginn des Vereinigungsprozesses mit dem Schöpfer. Sie hebt dich auf eine höhere Bewusstseinsstufe in der Pyramide. Je häufiger du deinen Willen bewusst mit dem höheren Willen verbindest, umso intensiver wirst du von Licht erfüllt und spürst die reale Nähe des Schöpfers in dir.

Folgende Meditation unterstützt diese Erfahrung:

Übung 26:

Ich bin Licht

Du sitzt in Meditation vor einer brennenden Kerze. Schau mit leicht geöffneten Augen eine Weile in die Flamme. Schließe die Augen und bewahre die Vorstellung des Lichts in dir. Spüre dein energetisches Herzzentrum in der Mitte deiner Brust und denke den Satz: „Ich bin Licht", im Rhythmus deines Atems. Empfinde das Licht in der Mitte der Brust und spüre, dass dein inneres Wesen und dein Ich-Bewusstsein in der Flamme aufgehen. Lass die Empfindung so intensiv in dir wirken, dass der Innenraum des Körpers von diesem Licht ausgeleuchtet ist.

Diese Meditation sollte einige Wochen bis Monate durchgeführt werden. Sie vereinigt dein Ich-Bewusstsein mit dem deines Selbst. Die abgesonderte Willensenergie wird immer mehr in dein Wesenszentrum zurückgeführt und in Lichtkraft verwandelt. Dabei wird der Gegenwille in einen aktiven, positiven Willen umgepolt, der jetzt vom göttlichen Selbst gelenkt wird.

Diese Lichtkraft strömt nun auch in dein physisches Herz und über den Blutstrom durch deinen ganzen Organismus. Die aus dem energetischen Herzzentrum fließende Energie durchdringt die Zellen der Organe und Körperteile. In die dumpfe Unbewusstheit der materiellen Substanz wird auf diese Weise Bewusstheit gelenkt und der Körper wird allmählich auf die Energieschwingung deines Inneren Wesens eingestimmt. Der

Körper lernt, auf Impulse aus deinem Wesenszentrum zu reagieren, und gelangt schließlich unter die vollkommene Kontrolle deines Bewusstseins. Diesen Vorgang nennt man Erleuchtung!

Wenn du meinen Anleitungen bis hierher gefolgt bist, stehst du nun an der Schwelle zum göttlichen Leben. Obgleich du körperlich Mensch bleiben wirst, breitet sich das göttliche Bewusstsein nun immer stärker in dir aus. Während zunächst menschliche und göttliche Impulse noch nebeneinander aktiviert werden und miteinander konkurrieren, wirst du allmählich spüren, dass dein Körper zunehmend deutlicher auf die göttlichen Impulse reagiert. Dein Inneres Tier ist zahm geworden und stellt seine Kräfte deinem Bewusstsein zur Verfügung. Dein Ich-Bewusstsein löst sich langsam im Selbst auf, so dass du auch im Alltag gewahr wirst, dass du ein Lichtwesen bist.

Du bist mit deinem inneren Lichtwesen identisch geworden und lenkst deine Willenskräfte aus dem Zentrum deines Herzens in deinen Körper. So wirst du Herr über deine materielle Substanz. Wer das erreicht hat, dem ordnet sich auch die materielle Welt immer mehr unter. Erinnere dich daran, dass dein Denken, Fühlen und Wollen alle Ereignisse und Dinge in deinem Leben gestaltet. Von nun an wird dein Denken, Fühlen und Wollen von deinem Wesenszentrum in deinem Herzen bestimmt werden.

Jetzt verfügst du über ungewöhnliche Gestaltungskräfte, denn die dir eingeborene schöpferische Kraft steht dir in vollem Maße zur Verfügung. Das bedeutet auch, dass du sehr verantwortlich mit deinem Denken, Fühlen und Wollen umgehen solltest, denn jeder kraftvolle Impuls aus deinem Herzen wird sich unbedingt verwirklichen. Sorge dafür, dass sich daraus nicht ein neuer Stolz und damit ein neues Ich-Bewusstsein entwickelt! Nur wenn du ganz aus deinem göttlichen Willen heraus deine Entscheidungen triffst, werden sie im Einklang mit der göttlichen Ordnung stehen und wirklich positive Ergebnisse hervorbringen.

Deine Willenskraft aus dem Herzen soll in Zukunft auch die Kontrolle über deine Gedanken ausüben; denn alles, was du unachtsam denkst, strömt ebenso stark von dir aus und versucht, sich im äußeren Leben zu verwirklichen. In der Meditation hast du gelernt, Gedanken loszulassen, wenn sie sich aufdrängen wollen. Das nützt dir heute bei der bewussten Gestaltung deiner Zukunft. Wenn du die Gedanken unkontrolliert toben lässt, sabotieren sie die Entscheidungen aus deinem Herzzentrum und wirken ihnen entgegen. Nur wenn sich das Denken vollkommen an den Entscheidungen des Herzens orientiert und in diesem Sinne Gedanken aussendet, können sie sich mit gleichgesinnten Gedankenenergien anderer Wesen verbinden und eine entsprechende Realität schaffen.

Das Gleiche gilt für deine Gefühlskräfte. Erlaube deinem Körper nicht, den Willen aus deinem Herzen durch Launenhaftigkeit zu sabotieren. Lege deine ganze positive Gefühlskraft in dein Herz und stimme deiner Entscheidung immer wieder neu zu. Bekräftige deinen Willen durch lebhafte Freude, dann wirken Gefühle, Gedanken und Wille in einer harmonischen Einheit und gestalten auf rechte Weise deine Zukunft.

Um die Einheit von Denken, Fühlen und Wollen herzustellen, empfehle ich dir eine weitere Meditation:

27. Übung:

Meditation: Ich will sein.

Du versenkst dich in dein Herzzentrum und empfindest dich als Licht, das den ganzen Körper ausleuchtet. Dann wähle aus den folgenden Themen einen Satz, den du als Gedanken und als intensives Gefühl im Herzen bewegst. Achte darauf, den Satz im Rhythmus des Atems zu denken.

Ich will lebendig sein.
Ich will kraftvoll sein.
Ich will einsichtig sein.
Ich will friedvoll sein.
Ich will liebevoll sein.
Ich will fröhlich sein.
Ich will wahrhaftig sein.

Wähle selbständig weitere Sätze, die deinem Sein eine neue Bestimmung für die Zukunft geben. Auf diese Weise formst du deine inneren Potentiale zu einer Eigenschaft, die du verwirklichen willst. Entsprechend dieser inneren Haltungen werden sich die Ereignisse gestalten, in denen diese Eigenschaften zur Entfaltung kommen.

Du kennst jetzt die Verwirklichungskraft deines Willens. Bedenke aber: Es steht dir frei, dich selbst zu bestimmen – nicht andere! Richte deine Willenskraft nur auf dich selbst und überlasse es deinen Mitmenschen, über ihren eigenen Weg zu entscheiden. Auch wenn du meinst, du wüsstest, was gut für sie ist – sie sind ebenso wie du mit einem freien Willen ausgestattet und gestalten ihre Wirklichkeit. Du kannst ihnen von deinen Erfahrungen berichten; aber sie müssen entscheiden, ob sie sich ebenso verhalten wollen wie du.

Auch kannst du nicht definitiv bestimmen, welche Situationen die Zukunft genau bringen soll, denn an der Gestaltung der Zukunft beteiligen sich auch andere Wesen. Sie bringen gemeinsam das Schicksal einer Familie, einer Gemeinde und ihres Volkes hervor. Deine Rolle im gemeinsamen Lebensspiel wird jedoch von dir durch deine Willensbestimmungen festgelegt. Dies ist deine Chance!

Ich hoffe, du wirst meine Anregungen aufgreifen und zu deinem Vorteil nutzen. Mehr Details möchte ich dir nicht vorgeben. Benutze deine angeborene Kreativität und probiere deine Bewusstseinskraft in deinem Leben aus. Du wirst sehen, dass es sehr reich und spannend wird, wenn du zum bewussten

Mitspieler im Lebensspiel wirst. Jeder Tag kann ein Abenteuer sein, wenn du es willst! Erkunde deine Möglichkeiten und erfahre alle Qualitäten des Lebens. Durch dich offenbaren sich die Eigenschaften deines Schöpfers in der Welt.

12. Wegweiser

Öffne dein Herz

Viele Menschen vor dir haben den Inneren Weg beschritten und manche haben davon berichtet. In Ost und West sind Menschen wach geworden, haben das Innere Licht gesucht und gefunden. Einige von ihnen sind weit über die Grenzen ihres Landes bekannt geworden. Sie haben den Weg mit anderen Worten und Symbolen beschrieben als ich, aber es ist immer der gleiche Weg.

Der Weg des Bewusstseins ist nicht sichtbar und objektiv darstellbar, daher gibt es keine passenden Begriffe für die Phänomene, die einem Menschen auf dem Weg begegnen. Aus diesem Grunde sprechen geistige Lehrer in Gleichnissen und benutzen Beschreibungen aus dem Alltagsleben ihrer Zeit dazu, geistige Gesetze und Wirklichkeiten zu beschreiben. In früherer Zeit waren die Menschen gewohnt, in Bildern zu denken und sie verstanden die Gleichnisse. Aber diejenigen, die abstrakt denken und die Bildersprache nicht verstehen wollten oder konnten, haben die Gleichnisse wörtlich genommen und Verwirrung gestiftet. Im Laufe der Zeit entstanden aus den einfachen Lehren der Meister komplizierte Philosophien und Religionssysteme, und anstatt den Inneren Weg zu gehen und sich im Bewusstsein zu wandeln, versuchten die Menschen, Regeln für das weltliche Leben daraus abzuleiten. Sie gestalteten das äußere soziale Leben nach den falsch verstandenen Lehren der Meister.

Heute gibt es einen tiefen Graben zwischen den Vertretern orthodoxer Religionssysteme und den Menschen, die auf dem Inneren Weg gehen. Diejenigen, die in der westlichen Kultur vom Christentum geprägt worden sind, tragen die verzerrten Vorstellungen von Himmel und Hölle in ihrem Bewusstsein. Es ist schwierig für sie, die Essenz der Lehren Jesu aus den verfälschten und missverstandenen Überlieferungen herauszulesen. Sie finden heute in den Kirchen keine überzeugenden

Glaubenshilfen und vor allem keine wirklichen Initiationen für das geistige Leben. Die Moraltheologie gibt ihnen zwar einen verbindlichen Maßstab für das äußere Leben, sie trennt die Menschen jedoch gleichzeitig von der wirklichen spirituellen Erfahrung des Inneren Bewusstseinsweges.

Die christlichen Kirchen haben den Irrtum verbreitet, dass nur Christen, die der Kirche angehören und ihren Regeln folgen, erlöst werden. Sie haben Missverständnisse, Angst und Schuldgefühle in den Seelen der Menschen erzeugt, anstatt ihnen zu zeigen, dass Gott in ihnen anwesend ist und dass sie in ihr Herz gehen müssen, um das Christusbewusstsein in sich zu entfalten.

Es mag dich gewundert haben, dass ich zu dir zwar vom göttlichen Bewusstsein gesprochen habe, dich aber nicht angehalten habe, zu beten und dich an Gott oder Jesus zu wenden. Ich meine, dass du ohne eigene Erfahrungen mit der Inneren Wirklichkeit und ohne Selbsterkenntnis weder die christliche noch andere Religionen und Philosophien richtig verstehen kannst. Du brauchst dazu die Fähigkeit, in Bildern zu denken und symbolhafte Gleichnisse unmittelbar – das heißt: ohne nachzudenken – zu verstehen. Dies hast du durch die Visionäre Meditation erlernt und bist nun gut vorbereitet, dich mit jedem Glaubenssystem selbständig und kompetent auseinanderzusetzen. Die Bewusstseinskraft in deinem Herzen wird dir zeigen, wann du mit Wahrheit und wann du mit Irrtum konfrontiert bist.

Dein Selbst-Bewusstsein in deinem Herzzentrum ist die unbestechliche Instanz für jedes Urteil in weltlicher und geistiger Hinsicht. Es ist das Licht, das in der Finsternis scheint (Evangelium des Johannes, Kapitel 1, Vers 1). Die dumpfe Materie deinen Körpers ist die Finsternis, die langsam von diesem göttlichen Licht durchdrungen wird. Wenn die Zellen deines Körpers das Licht des Bewusstseins angenommen haben, wird dein Energiekörper so intensiv über deinen physischen Körper hinausstrahlen, dass alle Dinge und Wesen, die du anschaust oder berührst, von dieser heilsamen Strahlung gestärkt und sogar geheilt werden können. Deine Bewusstseinskraft wird ansteckend werden, das heißt, sie wird die Gottesfunken in den Tieren und Menschen, denen du begegnest, unmittelbar erreichen und Impulse zur Bewusstseinsentwicklung auf sie übertragen.

Die voll erweckte Bewusstseinskraft des Selbst im Herzen nennt man „Christusbewusstsein". Der Mensch Jesus war im Herzen voll erwacht und besaß bewusste Kontrolle über die Materie seines Körpers. Er wusste mit unerschütterlicher Sicherheit, dass er der Gottesfunke war, den Gott als Sohn in die Welt geschickt hat. Und er hat allen gesagt, die es hören wollten, dass auch sie Kinder Gottes sind. Das Gotteskind-Bewusstsein entsteht bei der Verschmelzung des Ich-Bewusstseins mit dem Selbst-Bewusstsein. In diesem Moment hört das gesonderte Existenzgefühl auf und der Mensch fühlt sich wieder fest verbunden mit seinem göttlichen Ursprung. Unaufhörlich strömt die Lebensenergie des Schöpfers durch das Herz des Menschen, jedoch erst bei Verschmelzung von Ich und Selbst wird dieser unendliche Strom bewusst erfahren. Dabei erlebt der Mensch eine beseligende Erweiterung seiner Fähigkeiten, zu fühlen und wahrzunehmen. Sein Herz wird erschüttert von tiefer Freude und von Frieden. Die Verbindung zu Gott ist wiederhergestellt und wird nicht wieder getrennt werden.

Du kannst durch die Übungen in diesem Buch zum Christus-Bewusstsein gelangen – wenn es noch nicht geschehen ist, wird es später geschehen. Sei geduldig! Eines Tages wirst du wie Jesus von Nazareth aus vollem Herzen sagen können. Ich bin das Licht der Welt. Das heißt, dass du, der Gottesfunken (Licht) in der Materie deines Körpers (die Welt) bist und dass das Licht des Gottesbewusstseins deine Wirklichkeit im äußeren weltlichen Leben bestimmt. Die folgende Meditation zentriert dein Bewusstsein in deinem Herzen.

28. Übung:

Ich bin

1. Versenke dich in dein Inneres und lass den Atem ruhig werden. Dann vertiefe dein Bewusstsein in dein Herzzentrum, fühle und denke dort: Ich bin.

2. Wenn du dich mit dem „Ich bin" gründlich vertraut gemacht hast, kannst du die Meditation nach deiner Eingebung ergänzen:

> Ich bin Licht.
> Ich bin Leben.
> Ich bin Liebe.
> Ich bin Wahrheit.
> Ich bin Weisheit.
> Ich bin Kraft.
> Ich bin Heil.
> Ich bin Frieden.

Diese Meditationen öffnen dich für die Qualitäten des Schöpfers. Das Licht des Schöpfers fließt immer stärker durch dein Herz und erweckt Seine Eigenschaften in dir.

Alles Tierische und Menschliche wird durch die Kraft des göttlichen Lichtstroms gereinigt, geordnet und unter die Lenkung des Schöpfers gestellt. Dein Herz wandelt sich unter dem Strom schöpferischer Lebensenergie, wird liebevoll, geduldig und weise. Diese Eigenschaften setzen sich nun auch stärker in deinem alltäglichen Denken, Fühlen und Handeln durch. Du wirst immer klarer und bewusster, so dass dein Wirken in der Welt heilsam und segensreich wird. Dabei kommt es nicht so sehr auf die einzelnen guten Taten an, sondern darauf, dass jede Handlung von der Bewusstseinskraft aus dem Herzen gelenkt und durchströmt ist.

Mit der Zeit wird es dir unmöglich werden, eine Handlung zu begehen, die nicht von Herzen kommt. Dann bist du frei von dem Zwang, den die Welt und ihre Gesetze bisher auf dich ausgeübt haben. Dich bindet nichts mehr an persönliche Taten, da die Gotteskraft durch dein Herz wirkt und alles tut, was du tust.

Wie Jesus von Nazareth und andere Weise, die vor und nach ihm auf der Erde gewandert sind, wirst du die Stimme des Schöpfers in deinem Herzen hören und deinen Willen dieser Stimme unterordnen. Du wirst Ihn durch dein Herz wirken und deinen physischen Körper lenken lassen. Du wirst zusehen, wie Er durch dich Tote zum Leben erweckt – das heißt; diejenigen, deren Selbst schläft, während ihr Ich-Bewusstsein sich in der Welt verstrickt, wird Er durch dich zum Selbst-Bewusstsein führen. Deine Anwesenheit in der Welt macht es dem Schöpfer möglich, seine Geschöpfe zu erreichen und ihnen den Weg zurück zum Licht zu weisen. Das hat Jesus vor dir getan und das wirst du tun, wenn du voller Aufrichtigkeit im Herzen sagen kannst:

Mein Gott –
Dein Wille geschehe durch mich!

Nun kannst du auch beginnen, zu beten. Gebet ist nicht nur bitten um etwas, sondern es ist das Gespräch mit deinem Schöpfer. Wenn dein Herz offen und bereit ist, sich auf Gott einzulassen, ist Er bereit, dich anzuhören. Gebete, die durch den Kopf oder Mund gehen, ohne das Herz zu rühren, erreichen den Schöpfer nicht; denn ein verschlossenes Herz kann weder geben noch empfangen.

Wenn du noch eine Barriere in dir spürst und dich nicht ganz dem göttlichen Lebensstrom öffnen kannst, wenn du spürst, dass dein Herz verzagt oder voller Schuldgefühle ist, kannst du dich gedanklich an fortgeschrittene Wesen wenden und um Beistand und Hilfe bitten. Du kannst ganz allgemein die Lichtwesen anrufen oder jemanden, zu dem du am ehesten Vertrauen spürst. Ob es ein Engel oder ein Heiliger der christlichen Tradition ist, Jesus Christus oder ein Meister des Ostens, ist nicht so sehr von Bedeutung. Sie werden dir nach ihren Kräften und Möglichkeiten weiterhelfen. Ich persönlich glaube jedoch, dass es sinnvoll ist, die geistigen Wesen der Tradition zu rufen, in der man derzeitig lebt. Sie kennen die speziellen Schritte, die aus einer religiösen Irrfahrt herausführen.

Dein Gebet sollte vom Herzen aus gedacht und gefühlt werden, damit es die höheren Wesen erreichen kann. Verbinde dein Herz mit dem Bewusstseinszentrum, das in der Mitte des Kopfes zwischen den Augen liegt. Dein Herz wird dir die Worte eingeben, die du beten kannst. Du kannst auch ein traditionelles Gebet wählen, das zu deiner persönlichen Situation passt. Das „Vater Unser" ist – der Überlieferung nach – von Jesus gebetet worden. Mit diesem Gebet bittest du darum, dass die Herrschaft Gottes über die ganze Welt kommen möge. Du selbst schließt dich in den Wunsch ein. Darüber hinaus kannst du für dich ganz persönlich um geistigen Schutz und Begleitung bitten.

Deine Gebete tragen deine Wünsche zur Spitze der Bewusstseinspyramide. Von dort wird dir die Energie geschickt, die deine Wünsche erfüllbar machen. Je häufiger und intensiver du betest, umso mehr Lichtkraft fließt zu dir und den Menschen und Wesen, die du in ein Gebet einschließt. Aber nur für die Wünsche, die mit dem göttlichen Willen in Einklang stehen, werden dir Energien zufließen. Manchmal wirst du nicht wissen, ob einer deiner Wünsche mit dem Willen Gottes harmoniert. Deshalb ist es gut, jedes Gebet mit dem Satz anzuschließen: Nicht mein Wille geschehe, sondern der Wille meines Schöpfers.

In der Meditation hast du gelernt, mit dem Inneren Wesen in Verbindung zu treten. Jetzt wird das Gebet für dich das Mittel, aus deinem Selbst heraus mit dem Schöpfer in Verbindung zu treten. Dein Gebet zeigt Ihm deine Bereitschaft, Seinen Willen anzunehmen und dich in Seinen Dienst zu stellen. Dieser

Dienst ist ein selbst-bewusster, aktiver Dienst – anders als der Dienst der Engel, die automatisch den Schöpferwillen ausführen. Zwischen deinem und dem Schöpferwillen kann eine Kommunikation entstehen, in der eine Übereinkunft erzielt wird. In deinem Gebet machst du Ihm Vorschläge für das, was sich nach deiner Einschätzung in der Welt ereignen sollte. Manches davon wird Er verwerfen, anderes billigen. Auf diesem Wege lernst du, die schöpferischen Kräfte in Seinem Sinne zu gebrauchen, ohne dich unter Zwang zu fühlen. Allmählich verfeinert sich die Wahrnehmungsfähigkeit deines Selbst für den göttlichen Willen und es nimmt ihn freiwillig als eigenen Willen an.

Dein Gebet sollte aber nicht nur aus Wünschen bestehen. Im Gebet kann sich dein Herz öffnen und den göttlichen Energiestrom aufnehmen. Du wirst dann die Liebe des Schöpfers in dir fühlen. Was liegt näher, als diese Liebe mit Liebe zu erwidern! Lege deine Dankbarkeit in dein Herz und sende sie mit deiner Liebe durch das energetische Zentrum in deinem Kopf zu deiner Schädeldecke. Dort wird sich eines Tages das höchste Bewusstseinszentrum öffnen und dir den Weg zum Himmel frei machen. Das Licht Gottes fließt durch deine Schädeldecke über das Kopfzentrum in dein Herz. Wenn du dein Bewusstsein nach oben ausrichtest, steigt dein Selbst langsam hinauf und begegnet Gott. Das heißt, du wirst lernen, dein Bewusstsein bis an die Spitze der Bewusstseinspyramide auszudehnen.

Deine Dankbarkeit und Liebe öffnet dir den Weg in das geistige Leben. Dabei kannst du durchaus in der Welt bleiben und deine alltäglichen Aufgaben erledigen. Aber es werden zusätzlich geistige Aufgaben auf dich zukommen. Manchmal wirst du die Aufgaben im Traum erfahren, manchmal in der Meditation oder im Gebet. Die anderen Wesen, die dem Schöpfer dienen, werden dich bitten, mit ihnen an der Gestaltung der Welt zu arbeiten. Sie werden dir zeigen, wie du die schöpferischen Kräfte benutzen und wirksam werden lassen kannst. Du wirst deine Mitmenschen unterrichten, sie heilen oder ihnen Schutz und Licht geben.

Dein Herz ist der Wirkungsraum für die göttliche Liebe und den göttlichen Willen. Dein Halszentrum ist der Wirkungsraum für die Freisetzung der schöpferischen Kraft. Dein Kopfzentrum ist der Wirkungsraum für deine geistige Wahrnehmung und Erkenntnis. Und im Zentrum an der Schädeldecke ist das Tor des Himmels, das sich eines Tages für dich öffnen wird, wenn du diesen Weg weitergehst. Dann wirst du alle Erkenntnis und alle Liebe erfahren, die auf die Menschen warten, die ihr göttliches Selbst verwirklichen.

Abschied vom Leser

Wir sind einen Weg zusammen gegangen und stehen nun wieder an einer Wegkreuzung. Dein Weg wird weitergehen, aber du hast jetzt einen anderen zuverlässigen Begleiter: dein göttliches Selbst. Es wird dich führen und dir zeigen, wie du dein schöpferisches Leben verwirklichen kannst.

Meine Aufgabe ist erfüllt. Ich freue mich, dass wir uns begegnet sind und dass du diesen schwierigen Weg auf dich genommen hast.

Ehe wir uns trennen, möchte ich dir erzählen, was mich bewogen hat, dieses Buch zu schreiben.

Seit 1979 unterrichte ich in Hamburg Menschen in Esoterischer Psychologie. Ich zeige ihnen, wie sie durch Versenkung in ihren Inneren Raum das Wissen finden, das in ihnen verborgen ist. Sie lernen durch Intuitions-Schulungen und Reinkarnationsrückführungen ihr Selbst kennen, lösen karmische Strukturen auf und beginnen, ihre Zukunft bewusst neu zu gestalten.

Als ich diese Aufgabe begann, gab es nur wenige Menschen in Deutschland, die an Wiedergeburt glaubten und sich ernsthaft mit esoterischen Methoden beschäftigten. Inzwischen ist das Interesse an Jenseitsfragen sprunghaft gewachsen. Überall entstehen Gruppen, die sich mit spirituellen Fragen und Praktiken befassen.

Ich habe den Eindruck, dass es ein tiefes Bedürfnis besonders bei jungen Menschen gibt, Klarheit über ihre Innere Wirklichkeit zu gewinnen und den Sinn des Lebens zu begreifen. Ihnen genügen die Antworten nicht, die ihnen die Kirchen und die Wissenschaftler geben. Sie stellen fest, dass das zeitgenössische Weltbild ihnen die Erfahrung der metaphysischen Wirklichkeit verschließt. Diese Menschen suchen religiöse Erfahrungen außerhalb der Kirchen, weil sie dort keine spirituellen Einsichten gewinnen und innerlich leer bleiben. Viele sind enttäuscht von der Profanität des kirchlichen und sozialen Lebens und ernüchtert von den bedrohlichen Folgen des technischen Fortschritts. Deshalb suchen sie durch Drogenkonsum, Trancetechniken und okkulte Praktiken einen Weg zur Begegnung mit der metaphysischen Wirklichkeit.

Leider gibt es in unserer Zeit zu wenige Menschen, die mit der Wirklichkeit jenseits der Materie wirklich vertraut sind und sie einem Suchenden eröffnen können. Viele bieten Kurse in spirituellen Methoden an, ohne die Chancen und Gefahren einschätzen zu können, die ein unsachgemäßer Umgang mit diesen Techniken mit sich bringen kann.

Der gute Wille allein genügt nicht, um spirituelle Kräfte zu erwecken und sinnvoll anzuwenden. Spirituelle Methoden nützen nur den Menschen, die ein klares Bewusstsein von sich haben und die Grenzen ihrer Fähigkeiten kennen. Am Anfang jedes Inneren Weges steht daher nicht das Erlernen einer Methode, sondern die Auseinandersetzung mit dem eigenen Charakter. Erst wenn sich jemand durch Meditation von den eigenen verwirrenden Bewusstseinsinhalten befreit hat und seinem göttlichen Selbst die Lenkung über sein Leben überlässt, ist eine spirituelle Methode in seinen Händen ungefährlich und er kann lernen, sie zum Nutzen anderer anzuwenden.

Der Gebrauch geistiger Kräfte unter der Lenkung des Ich-Bewusstseins verwandelt die schöpferische Energie in eine destruktive Kraft. Solche Anwendung wird bestenfalls wirkungslos bleiben – im schlimmsten Fall aber das Leben der beteiligten Personen und ihr zukünftiges Karma erheblich belasten. Deshalb möchte ich davor warnen, ohne gründliche Bewusstseinsschulung mit Methoden wie Channeling, Geistheilung, Weissagung und anderen spirituellen Praktiken zu experimentieren. Wer nicht lernt, sich durch Selbsterkenntnis innerlich zu klären, gerät allzu leicht in den Einflussbereich jenseitiger Kräfte und kann zum Spielball der Energien werden, die er wachgerufen hat.

Mein Buch ist kein wirklicher Ersatz für einen geistigen Lehrer, der seine Schüler persönlich unterrichtet und ihre Fragen beantworten kann. Da aber heute viele Menschen ihre Orientierung in Büchern suchen, habe ich mich bemüht, den geistigen Entwicklungsweg so einfach wie möglich zu beschreiben. Die Übungen bieten die Möglichkeit zur Selbsterkenntnis und Selbstverwirklichung aus eigener Kraft.

Ich habe zu zeigen versucht, dass der Mensch alles in sich trägt und nicht in Büchern und Lehrstätten nach dem Wissen suchen muss, das er für sein Leben braucht. Er braucht nur den Zugang zu seinem Inneren Wissen zu finden, um unabhängig zu werden und alles zu erfahren, was er wissen will. Wenn er seine Intuition als bewusstes Instrument gebrauchen lernt, wird sie ihm in jeder Lebenssituation auch auf jedem Wissensgebiet zur Verfügung stehen und ihm Lösungen für alle Probleme eröffnen.

Es kommt darauf an, die eigenen Bewusstseinskräfte zu aktivieren, weil jeder nur den Bewusstseinsbereich wahrnehmen kann, der seiner eigenen Bewusstseinsstufe entspricht. Aktive Bewusstseinsentwicklung und Bewusstseinserweiterung in metaphysische Wirklichkeiten hinein sind die beste Voraussetzung für die Anwendung jeder materiellen und spirituellen Methode.

Regelmäßige Meditation und die bewusste Hinwendung zu deinem Inneren Wesen und Gott sind der beste Schutz gegen negative Erfahrungen mit der geistigen Wirklichkeit. Sie schützen dich auch vor verwirrenden Phänomenen, die du mit deinem eigenen Denken und Fühlen erzeugst. Meditationen und Gebete reinigen dein Inneres von Irrtümern und Gemütsstörungen. Ich empfehle dir deshalb, deine Übungen fortzusetzen, wenn du dieses Buch bereits gelesen hast.

Der Innere Weg verläuft parallel zu deinem Weg durch das äußere Leben. Und er wird über dein Leben in dieser Inkarnation hinausreichen. Wenn du ihn einmal betreten hast, verlässt du ihn nicht mehr. Du wirst fühlen, dass dein Leben inhaltsvoll, reich und sinnerfüllt ist, wenn du jeden Tag als Herausforderung zur Erkenntnis und zu geistigem Wachstum begreifst.

In diesem Sinne möchte ich mich von dir verabschieden und dir wünschen, dass sich dir das Innere Wissen immer mehr erschließt und du jeden Tag aus dem schöpferischen Bewusstsein lebst.

Verzeichnis der Übungen

Karten zur Horoskopmeditation I - Die Felder

Seite heraustrennen und die Felder ausschneiden

(Teil 1)

Feld 1 ASZENDENT **WIRKUNG**	Feld 7 DESZENDENT **PARTNERSCHAFT**
Feld 2 **SUBSTANZ**	Feld 8 **SCHICKSAL**
Feld 3 **AUSTAUSCH**	Feld 9 **ERKENNTNIS**

Teil 2

Feld 4	Feld 10
VERWURZELUNG	**LEBENSZIEL**

Feld 5	Feld 11
SELBSTAUSDRUCK	**UNTERSTÜTZUNG**

Feld 6	Feld 12
DIENST	**VERBORGENES**

Karten zur Horoskopmeditation II - Die Tierkreiszeichen

Seite heraustrennen und die Felder ausschneiden

Teil 1

♈ Widder **IMPULSIV SEIN**	♎ WAAGE **BEGEGNEN**
♉ STIER **FESTHALTEN**	♏ SKORPION **MACHT AUSÜBEN**
♊ ZWILLINGE **MITTEILEN**	♐ SCHÜTZE **ZIELSTREBEN**

Teil 2

KREBS **SAMMELN**	STEINBOCK **BERUFEN SEIN**
LÖWE **GESTALTEN**	WASSERMANN **BEFREIEN**
JUNGFRAU **EINORDNEN**	FISCHE **LÖSEN**

Karten zur Horoskopmeditation III - Die Planeten

Seite heraustrennen und die Felder ausschneiden

Teil 1

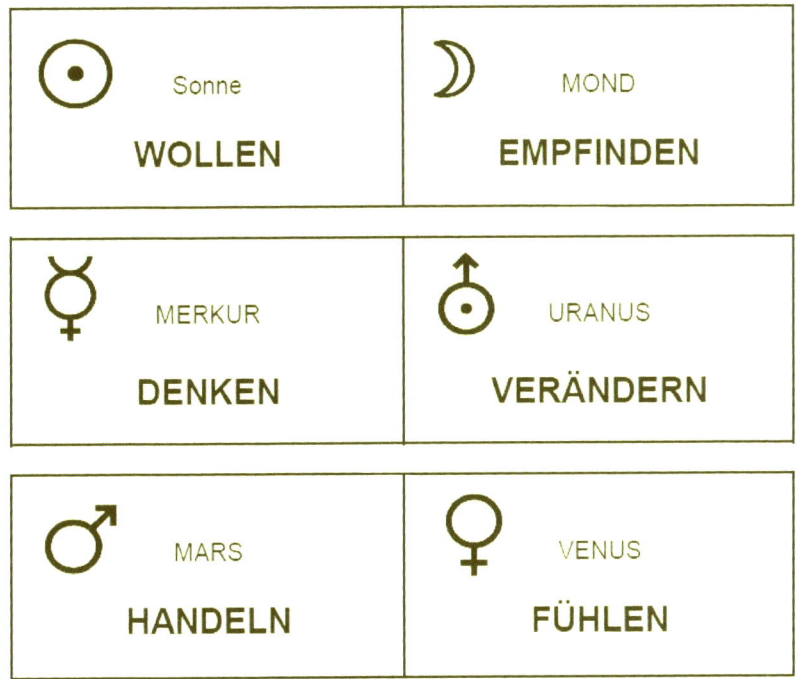

Teil 2

JUPITER

AUSDEHNEN

SATURN

BEGRENZEN

PLUTO

VERWANDELN

NEPTUN

AUFLÖSEN

MONDKNOTEN
AUFSTEIGEND

BINDEN

MONDKNOTEN
ABSTEIGEND

TRENNEN